El sector de las industrias extractivas

ESTUDIO DEL BANCO MUNDIAL

El sector de las industrias extractivas

Aspectos esenciales para economistas, profesionales de las finanzas públicas, y responsables de políticas

Håvard Halland, Martin Lokanc, y Arvind Nair, con Sridar Padmanabhan Kannan

GRUPO BANCO MUNDIAL

Contenido

Recuadros

Gráficos

Cuadros

Agradecimientos

Este primer volumen, que forma parte del estudio *Aspectos esenciales para economistas, profesionales de las finanzas públicas y responsables de políticas* que consta de dos volúmenes, fue elaborado por Håvard Halland, Martin Lokanc y Arvind Nair, con la colaboración de Sridar Padmanabhan Kannan, todos del Banco Mundial. La producción fue dirigida por Håvard Halland. El volumen fue elaborado conjuntamente por el Departamento de Prácticas Mundiales de Buen Gobierno y el Departamento de Prácticas Mundiales de Energía e Industrias Extractivas del Banco Mundial. Este estudio se basa en una gran cantidad de documentos del Banco Mundial y documentos a disposición del público. Los documentos del Banco Mundial que son particularmente pertinentes, o bien los documentos cuyos derechos de autor son propiedad del Banco Mundial, se resumen o sintetizan en determinados casos. En los casos donde hay una sola fuente disponible, protegida por derechos de autor del Banco Mundial, el material pertinente de esa fuente se extrae y se resume en el estudio. En el capítulo 5, las secciones sobre datos geográficos y catastro están basadas en BGS International (2012) y Ortega Girones, Pugachevsky y Walser (2009), respectivamente, y la sección sobre competitividad reproduce el material de Gammon (2007). Además, en el capítulo 5, en las secciones sobre los impuestos de las industrias extractivas (IE) se resume y sintetiza el material de *EI Source Book* (Cameron y Stanley, 2012). El material que se basa directamente en fuentes ajenas al Banco Mundial se reproduce en recuadros y se hace referencia a la publicación original. No obstante, el objetivo de este volumen no es presentar una investigación original, sino examinar y resumir la información de un extenso cúmulo de publicaciones y condensar esa información en un formato de fácil lectura. Para los lectores más interesados, en ocasiones se proporcionan referencias a los documentos originales más pertinentes al comienzo de las secciones correspondientes.

Los autores están agradecidos al Servicio de Fomento del Buen Gobierno y sus donantes, el Departamento de Desarrollo Internacional del Reino Unido, el Departamento de Relaciones Exteriores y Comercio de Australia, el Ministerio de Relaciones Exteriores de los Países Bajos y el Ministerio de Relaciones Exteriores de Noruega, por financiar íntegramente este trabajo. Asimismo, los autores agradecen a Yue Man Lee por realizar el examen formal por expertos de una versión preliminar, así como por su valioso aporte, que mejoró considerablemente el producto final. Bryan Land, Marijn Verhoeven, Nicola Smithers y Adrian Fozzard también proporcionaron observaciones sumamente útiles sobre las versiones preliminares. Michael Stanley, Boubacar Bocoum, Adriana Eftimie, Remi Pelon y Noora Arfaa compartieron diversos documentos primarios sumamente importantes, además de aportar datos y asesoramiento fundamentales. Por otra parte, los autores agradecen enormemente el apoyo administrativo de Ribert Beschel y Michael Jarvis. La edición realizada por Fayre Makeig facilitó mucho la lectura del estudio. El diseño de Xin Tong contribuyó enormemente a aumentar su atractivo visual. Los derechos de autor de los cuadros y los gráficos extraídos de otras fuentes fueron obtenidos por Catherine Lips.

Los autores agradecen a las empresas, las organizaciones y los individuos que generosamente otorgaron los derechos de uso de los gráficos y cuadros sujetos a derechos de autor, como Anglo American plc; William Ascher; Barrick Gold Corporation; Comité de Normas Internacionales para la Presentación de Informes sobre Reservas Minerales; Unión Europea; J.P. Morgan Commodities Research; Paul Jourdan; Metal Bulletin Research; MinEx Consulting Pty Ltd.; Ministerio de Minas y Petróleo del Gobierno de Afganistán; National Academies Press, Academia Nacional de Ciencias; Natural Resources Canada; Organización para la Cooperación y el Desarrollo Económicos; Princeton University Press; Revenue Watch Institute, ahora denominado Natural Resource Governance Institute; Rio Tinto; Sociedad de Minería, Metalurgia y Exploración; Sociedad de Ingenieros del Petróleo; Taylor & Francis Books, Reino Unido; Comisión Económica de las Naciones Unidas para Europa, y Wood Mackenzie.

Todas las opiniones, los errores y las omisiones pertenecen a los autores.

Acerca de los autores

Håvard Halland es un economista del Banco Mundial especializado en recursos naturales. Su labor de investigación y asesoramiento se centra en la economía y las finanzas del sector de las industrias extractivas. Los programas de políticas e investigación incluyen el financiamiento de infraestructura respaldado por el suministro de recursos, las políticas de fondos soberanos de riqueza, la gestión de los ingresos de las industrias extractivas y la gestión fiscal en los países ricos en recursos. Håvard Halland es autor y coautor de documentos académicos y de investigación en materia de políticas, capítulos de libros, artículos de revistas y blogs. También se presenta habitualmente en conferencias y seminarios internacionales. Antes de unirse al Banco Mundial, fue delegado y director de programas del Comité Internacional de la Cruz Roja en la República Democrática del Congo y en Colombia. Tiene un doctorado en economía de la Universidad de Cambridge.

Martin Lokanc es un especialista en minería de la Unidad de Políticas sobre Petróleo, Gas y Minería del Banco Mundial. Actualmente respalda y dirige actividades de desarrollo del sector de la minería en Botswana, Zimbabwe, Zambia, Rumania, Afganistán y Bután; además, gestiona una serie de proyectos de investigación y conocimiento mundial. Formado como ingeniero de minas y economista, tiene experiencia a nivel mundial en explotación minera, estrategia minera, economía de la energía y los minerales, finanzas de la minería y desarrollo económico, la que obtuvo durante más de 15 años de trabajo en el sector privado y con el Grupo del Banco Mundial. Martin tiene una licenciatura en ingeniería de minas de la Universidad de Alberta, Canadá; una maestría en ingeniería de minas, con especialización en economía de los minerales, de la Universidad de Witwatersrand, Sudáfrica y, actualmente, está finalizando un doctorado en economía de la energía y los minerales de la Escuela de Minas de Colorado en los Estados Unidos.

Arvind Nair es economista y consultor del Banco Mundial, tiene residencia en Indonesia, donde se centra en la participación del sector de recursos naturales y, específicamente, en la recaudación de ingresos, la Iniciativa para la Transparencia de las Industrias Extractivas y en los impactos macroeconómicos del sector de las industrias extractivas, como parte del Departamento de Prácticas Mundiales de

Macroeconomía y Gestión Fiscal. Antes de unirse al Banco Mundial, fue becario del Instituto de Desarrollo de Ultramar, en la oficina de presupuesto del Ministerio de Finanzas y Desarrollo Económico de Sierra Leona, e investigador asociado del Instituto de Investigación y Gestión Financiera en India. Arvind tiene una maestría en administración pública y desarrollo internacional de la Escuela de Gobierno Kennedy de la Universidad de Harvard, una maestría en economía para el desarrollo de la Universidad de Oxford y una licenciatura con honores en matemática de Swarthmore College.

Sridar P. Kannan es analista y consultor de operaciones del Banco Mundial, donde ayuda a diseñar y ejecutar proyectos; además, elabora material de referencia en representación del Departamento de Prácticas Mundiales de Energía e Industrias Extractivas. Antes de formar parte del Banco Mundial, trabajó como asesor corporativo y de financiamiento de infraestructura en el grupo de empresas Tata en Mumbai, India. Sridar tiene una maestría en derecho empresarial y económico internacional de la Universidad de Georgetown, una licenciatura en derecho con honores de la Universidad Nacional de Derecho de Jodhpur, India, y un certificado de estudios de la Organización Mundial del Comercio, otorgado por el Instituto de Derecho Económico Internacional de la Universidad de Georgetown.

Siglas, acrónimos y abreviaturas

ADC	acuerdo de desarrollo comunitario
APP	acuerdos de participación en la producción
CC	carta de crédito
CES	elasticidades de sustitución constante
CIM	Instituto Canadiense de Minería, Metalurgia y Petróleo
CIMVal	Comité de Valoración de Propiedades Mineras del Instituto Canadiense de Minería, Metalurgia y Petróleo
CMNU	Clasificación Marco de las Naciones Unidas para la Energía Fósil y los Recursos y Reservas Minerales
CRIRSCO	Comité de Normas Internacionales para la Presentación de Informes sobre Reservas Minerales
Cu	cobre
EIA	evaluación del impacto ambiental
EIAS	evaluación del impacto ambiental y social
EI-TAF	Servicio de Asesoría Técnica para las Industrias Extractivas (del Banco Mundial)
EITI	Iniciativa para la Transparencia de las Industrias Extractivas
ENR	empresa nacional de recursos
FFF	fundaciones, fideicomisos y fondos
FMI	Fondo Monetario Internacional
GFP	gestión de las finanzas públicas
GIP	gestión de las inversiones públicas
I+D	investigación y desarrollo
ICMM	Consejo Internacional de Minería y Metales
IdU	intensidad de uso
IE	industrias extractivas
IFC	Corporación Financiera Internacional
IFR	infraestructura financiada con recursos
IVA	impuesto al valor agregado
km	kilómetro

km^2	kilómetro cuadrado
MDO	ministerios, departamentos y organismos
OCDE	Organización para la Cooperación y el Desarrollo Económicos
OPEP	Organización de Países Exportadores de Petróleo
PGA	Plan de Gestión Ambiental
PGAS	Plan de Gestión Ambiental y Social
PIB	producto interno bruto
Pymes	Pequeñas y medianas empresas
SAMVAL	Código de Sudáfrica para el Informe de Valoraciones de Activos Minerales
SCAE	Sistema de Contabilidad Ambiental y Económica
SME	Sociedad de Minería, Metalurgia y Exploración
SPE-PRMS	Sistema de Gestión de los Recursos de Petróleo de la Sociedad de Ingenieros del Petróleo
UGC	unidad de grandes contribuyentes
VNA	valor neto actualizado

Panorama general

¿Qué debemos saber acerca del sector de las industrias extractivas?

Los economistas, los profesionales de las finanzas públicas y las autoridades normativas que trabajan en países ricos en recursos suelen enfrentarse a problemas que exigen un entendimiento profundo del sector de las IE, su economía, su buen gobierno y los desafíos en materia de políticas, así como las consecuencias de la abundancia de recursos naturales para la gestión fiscal y de las finanzas públicas (GFP). El objetivo del estudio de dos volúmenes denominado *Aspectos esenciales para economistas, profesionales de las finanzas públicas y responsables de políticas*, publicado en la serie de estudios realizados por el Banco Mundial, es presentar un panorama general y conciso de los temas relacionados con las IE que los economistas y los profesionales de las finanzas públicas probablemente deban encarar. En el primer volumen, "El sector de las industrias extractivas", se ofrece una introducción al sector, incluida una reseña general de las cuestiones fundamentales para su economía, el marco institucional, los ciclos de las inversiones y los proyectos, y la gestión de contratos, así como una descripción de los componentes de las políticas y el gobierno del sector. En el segundo volumen, "Gestión fiscal en países ricos en recursos", se abordan las dificultades fiscales más comunes que surgen cuando se administran importantes flujos de ingresos del sector de las IE. Dado que los impuestos al petróleo y los minerales, incluida la participación en los ingresos fiscales a nivel subnacional, se han abordado extensamente en otros documentos, en el presente estudio este tema se trata solamente de manera breve y se remite al lector a las fuentes pertinentes.

En este panorama general inicial se ofrece una introducción común a los dos volúmenes. A tal fin, primero se describen diversas características y desafíos clave que distinguen el sector de las IE de otros sectores. A continuación, se revisan las experiencias de los países que han realizado con éxito actividades de desarrollo impulsado por las industrias extractivas y se sintetizan las conclusiones clave extraídas de la bibliografía sobre la denominada hipótesis de la "maldición de los recursos" (que sostiene que los países ricos en petróleo y minerales, en comparación con sus pares, presentan un menor crecimiento y peores resultados en materia de desarrollo). El panorama general finaliza con una introducción a cada uno de los dos volúmenes.

¿Cómo se diferencia el sector de las IE de otros sectores?

El sector de las IE ocupa un lugar considerable en las economías de muchos países ricos en recursos. Específicamente, representa al menos el 20 % de las exportaciones totales y al menos el 20 % de los ingresos del Gobierno en 29 países de ingreso bajo y de ingreso mediano bajo. En 8 de esos países, el sector de las IE representa más del 90 % de las exportaciones totales y el 60 % de los ingresos totales del Gobierno (FMI, 2012). Al mismo tiempo, la expansión del sector de las IE ha impulsado la inversión en estos países, lo cual se refleja en la quintuplicación de la inversión extranjera directa en África, de US$10 000 millones a US$50 000 millones entre 2000 y 2012 (Conferencia de las Naciones Unidas sobre Comercio y Desarrollo [UNCTAD], 2013).

En principio, el sector de las IE no es necesariamente más complejo que otros sectores económicos. Las empresas perforan el suelo del que extraen petróleo, gas o minerales para transportarlo posteriormente hasta una planta de procesamiento en el país o hasta un punto de exportación. De manera conveniente, los productos básicos extraídos se pueden pesar y se puede medir su calidad; los precios de los productos básicos comunes cotizan en las bolsas internacionales, y el sector está dominado por una cantidad reducida de empresas muy grandes (Calder, 2014). Sin embargo, las consecuencias ambientales, económicas y sociales de las operaciones de las IE plantean importantes desafíos de distinta índole.

Para las empresas, la exploración y extracción de petróleo, gas y minerales implica un alto nivel de incertidumbre geológica, grandes inversiones iniciales de capital y períodos prolongados de exploración y desarrollo de proyectos. Por otra parte, la gran inestabilidad de los precios del petróleo y los minerales, así como el carácter imprevisible de los costos, generan riesgos relativos a los precios y los costos. Los proyectos de IE también pueden generar riesgos altos para el medio ambiente natural. Los costos de los proyectos de desmantelamiento y, en algunos casos, la limpieza de suelos o aguas contaminados, puede constituir una porción importante de los costos totales del proyecto; asimismo, generalmente se exige a las empresas que constituyan garantías con el fin de asegurar la disponibilidad de fondos para desmantelar el proyecto de manera responsable cuando finalice su vida operativa. Si no se tienen en cuenta los costos ambientales durante la concesión de derechos de extracción, estos pueden terminar siendo pasivos del Gobierno, en lugar de formar parte del balance general de la empresa. Entre los aspectos que deben tenerse en cuenta a nivel local también están las circunstancias socioeconómicas y la salud de las poblaciones que viven en las proximidades del proyecto de extracción. Para mitigar los posibles impactos adversos desde el punto de vista ambiental y social, y de garantizar que se destine una proporción de los beneficios a las poblaciones afectadas, es posible que se solicite a las empresas de recursos que cumplan con compromisos específicos por medio de acuerdos de desarrollo comunitario y de fundaciones, fideicomisos y fondos comunitarios.

Para los Gobiernos, el carácter no renovable y agotable de los recursos petroleros, gasíferos y minerales presenta desafíos relevantes para la determinación de las tasas óptimas de extracción; el diseño del régimen fiscal, y la asignación de los ingresos provenientes de los recursos a la inversión, el consumo y el ahorro externo. El carácter agotable de los recursos subterráneos también plantea interrogantes complejos en torno a la equidad intergeneracional y la sostenibilidad fiscal a largo plazo. Es probable que la planificación fiscal se vea considerablemente afectada por el marco temporal de la extracción, así como por los precios previstos y los precios reales de los productos básicos.

En el sector de las IE, los elevados requisitos de capital y tecnología especializada generan obstáculos para el ingreso a dicho sector. En consecuencia, el sector se encuentra dominado por grandes firmas multinacionales con cadenas de valor integradas verticalmente y propiedad intelectual especializada. En los países de ingreso bajo, esto generalmente significa que se importan las máquinas y los equipos de alto valor para las operaciones, mientras que se exportan los recursos naturales extraídos. La complejidad de las operaciones a gran escala de las firmas multinacionales requiere que los países ricos en recursos desarrollen una capacidad institucional adecuada para establecer y operar regímenes fiscales, jurídicos y de contratación eficientes, y para supervisar las operaciones de las empresas. Por otra parte, la minería artesanal a pequeña escala puede proporcionar medios de subsistencia para las familias de ingreso bajo, pero la utilización frecuente de productos químicos tóxicos podría ocasionar grandes pasivos para el Gobierno si este tuviera que pagar el costo de la limpieza.

La ubicación de los sitios de extracción de recursos naturales está predeterminada por la geografía; los proyectos de extracción (a diferencia de los manufactureros, por ejemplo) no se pueden trasladar a ubicaciones menos costosas. Al mismo tiempo, la cadena de valor de producción mundial incluye estructuras complejas de financiamiento y organización que pueden aprovechar los acuerdos fiscales y los mecanismos de financiamiento novedosos para garantizar que las operaciones sean eficientes desde el punto de vista tributario. Desde la perspectiva de la gestión de los ingresos públicos, la cadena de valor mundial supone desafíos relacionados con los precios de transferencia y el usufructo[1].

El sector de las IE se caracteriza por la obtención de utilidades excepcionales, y rentas importantes, que se definen como la diferencia entre los costos de producción (incluidas las utilidades "normales") y los ingresos procedentes de las ventas. Las rentas pueden ser sumamente inestables, ya que responden a las fluctuaciones de los precios de los productos básicos y a los costos de la extracción, lo que presenta más desafíos para el diseño de los regímenes fiscales. Los precios de los recursos no solo fluctúan a niveles extremos, sino que también lo hacen de manera imprevisible. El hecho de que los ingresos provenientes de los recursos de los países sean generados habitualmente por las exportaciones, en forma de entradas de moneda extranjera, aumenta la presión sobre los tipos de cambios, lo que produce efectos potencialmente importantes sobre la competitividad y la estabilidad macroeconómica.

El sector de las IE, en mayor proporción que muchos otros sectores, depende de un ecosistema complejo de instituciones y funciones gubernamentales para funcionar de manera eficiente. Establecer un clima fértil para la inversión en las IE requiere no solo regímenes jurídicos y reglamentarios eficientes y bien implementados, sino también una base de datos geográficos y un catastro minero que sean funcionales. El carácter polifacético del sector se ve reflejado en la participación de una gran cantidad de ministerios y entidades públicas cuya coordinación puede resultar sumamente compleja. Un eficiente desarrollo económico basado en las IE requiere que estas entidades públicas cooperen de manera eficaz y que, a su vez, se apoyen en la capacidad especializada de cada una. No obstante, la cooperación generalmente se ve perjudicada porque las entidades individuales buscan mantener el control de su porción de la cartera y de los ingresos de las IE.

A pesar de que no hay una única explicación para la "maldición de los recursos", muchos elementos del crecimiento eficaz basado en los recursos naturales ya se conocen relativamente bien. Los países que han obtenido beneficios del sector de las IE generalmente han adoptado políticas con características comunes: regímenes fiscales eficientes y estabilización macroeconómica; desarrollo consciente de la capacidad de gestión pública especializada en los sectores del petróleo, el gas y la minería e inversiones productivas en infraestructura, desarrollo humano y diversificación económica. El crecimiento sostenible y equitativo a largo plazo de estos países es el resultado de la inversión de los ingresos provenientes de los recursos en bienes durables y de la coordinación de diversos sectores económicos para alcanzar el objetivo común, que es el crecimiento basado en los recursos. Por lo tanto, para optimizar los beneficios monetarios y no monetarios de la extracción de petróleo, gas y minerales, las políticas del sector de las IE deben trascender los proyectos individuales y deben considerar y abordar el complejo conjunto de capacidades necesarias para garantizar la operación eficiente del sector y la generación de beneficios óptimos para los ciudadanos y el Gobierno.

La bendición y la maldición de la abundancia de recursos

Algunos países ricos en recursos han logrado convertir la abundancia de recursos en desarrollo económico equitativo a largo plazo, mientras que muchos otros no lo han logrado. Los recursos naturales han desempeñado una función fundamental en el crecimiento de diversas economías industrializadas, como Alemania y el Reino Unido, donde los yacimientos de carbón y de hierro fueron una condición previa para la revolución industrial. Estados Unidos fue la principal economía mundial de los minerales desde mediados del siglo XIX hasta mediados del siglo XX y, en el mismo período, se convirtió en el líder mundial en manufactura (van der Ploeg, 2011). Más recientemente, países como Botswana, Chile y Noruega han utilizado abundantes recursos petroleros y minerales como base del crecimiento económico. No obstante, en muchos otros países, la extracción de recursos parece haber socavado el buen gobierno, alimentado la corrupción y la fuga de capitales y aumentado la desigualdad.

¿Por qué algunos países logran aprovechar sus recursos naturales, mientras que otros tienen un bajo crecimiento a pesar de la inmensa riqueza del subsuelo? Esta cuestión ha sido objeto de amplios debates. Sachs y Warner (1995) confirmaron que existe una relación negativa entre la participación de exportaciones de las IE en el producto interno bruto (PIB) y el crecimiento económico. Concluyeron que la abundancia de recursos está asociada con un crecimiento más lento, una relación que más tarde se denominó la "maldición de los recursos". Otros autores, mediante métodos diferentes, han objetado la existencia de una maldición universal de los recursos (Alexeev y Conrad, 2009; Brunnschweiler y Bulte, 2008; Davis y Tilton, 2005). Si bien la existencia de dicha maldición es definitivamente discutible, también es evidente que una serie de países en desarrollo con abundantes recursos, a pesar de haber atravesado picos de crecimiento durante períodos en los que los precios del petróleo y los minerales fueron particularmente altos, no han podido traducir la abundancia de recursos en un crecimiento sostenible a largo plazo. Como lo sostienen Davis y Tilton (2005):

> Si bien sigue sin resolverse [la pregunta de] si la minería fomenta o no generalmente el desarrollo económico, existe un acuerdo generalizado en que los yacimientos ricos en minerales ofrecen oportunidades para los países en desarrollo, las que, en algunos casos, han sido utilizadas de manera sensata para fomentar el desarrollo y, en otros, han sido utilizadas inadecuadamente, lo que ha perjudicado el desarrollo. El consenso sobre este asunto es importante, ya que significa que no es conveniente tener una sola política uniforme relativa a toda la minería en el mundo en desarrollo... La pregunta adecuada en relación con las políticas públicas no es si deberíamos o no fomentar la minería en los países en desarrollo, sino más bien si debería fomentarse la minería y cómo podemos garantizar que contribuya al desarrollo económico y el alivio de la pobreza en la mayor medida posible.

Aunque este trabajo no pretende realizar un examen exhaustivo de la bibliografía sobre la "maldición de los recursos", un resumen de los principales argumentos ofrece valiosos antecedentes. Gran parte de la bibliografía posterior a Sachs y Warner (1995) se concentra en identificar los mecanismos mediante los cuales los recursos naturales afectan el crecimiento. La importancia relativa de dichos mecanismos ha sido muy debatida y sigue siendo objeto de desacuerdos sustantivos.

Entre los culpables más comunes de la "maldición de los recursos" se incluye el "síndrome holandés", las inversiones bajas o ineficientes (incluso en capital humano), la falta de disciplina fiscal y un alto consumo, el deterioro de las instituciones y la inestabilidad del producto generada por la inestabilidad de los precios del petróleo y los minerales. El llamado "síndrome holandés" se cita a menudo. El nombre alude a la apreciación de la moneda holandesa tras la producción de petróleo en el Mar del Norte en la década de 1960 y hace referencia a la dinámica según la cual una producción elevada del sector de las IE genera una mayor demanda en el sector de los bienes no comerciables (servicios) y, por consiguiente, hace que la moneda se aprecie. Esta apreciación, a su vez, conduce a una reducción de las exportaciones del sector no extractivo de productos comerciables (Corden y Neary, 1982), que puede afectar el crecimiento de manera negativa.

Con frecuencia, la posible causa de la "maldición de los recursos" se atribuye a la calidad institucional, como se refleja en el Estado de derecho y en la calidad de la gestión del sector público. Los economistas políticos señalan que en muchos países a los que les ha resultado difícil generar crecimiento basado en recursos, el descubrimiento de petróleo, gas o minerales estuvo precedido por un legado de instituciones débiles y una gestión de gobierno deficiente. Las instituciones débiles no controlan adecuadamente la captación de rentas ni la corrupción. Mientras que una pequeña elite puede hacerse sumamente rica con las rentas provenientes de los recursos, el conjunto de la población recibe pocos beneficios. Mehlum, Moene y Torvik (2006), por ejemplo, distinguen entre los contextos institucionales que favorecen a los captadores de rentas y aquellos que favorecen a los productores. Si las instituciones son débiles, es mayor la probabilidad de que los captadores de ingresos provenientes de los recursos tengan vía libre. Si ocupar un puesto del Gobierno se considera como una manera de enriquecerse rápidamente, pueden acelerarse los casos de "captación de rentas". Los economistas políticos señalan que si los políticos en funciones temen ser retirados del cargo, es posible que la administración realice extracciones a un ritmo más rápido del que se considera óptimo desde el punto de vista social y que tome préstamos contra futuros ingresos provenientes de los recursos. En dichos contextos, los fenómenos más comunes pueden incluir la fuga de capitales, un consumo privado alto entre quienes están en el poder y altas tasas de gasto público para otorgar beneficios a clientes privilegiados (van der Ploeg, 2011). Los funcionarios que temen perder el cargo también evitan acumular ahorros públicos, por ejemplo, en un fondo soberano de riqueza, que podrían ser saqueados por el próximo Gobierno; en cambio, prefieren invertir en exceso en proyectos partidistas que les permitan aferrarse más al poder.

Si bien la fortaleza institucional puede determinar el éxito del desarrollo basado en las IE, los flujos de ingresos importantes provenientes del sector de las IE pueden degradar las instituciones. Cuando los flujos de ingresos importantes tienen lugar en el marco de derechos de propiedad inseguros, sistemas jurídicos deficientes y mercados imperfectos, es posible que fomenten la captación de rentas (Torvik, 2002). Los ingresos provenientes de los recursos aumentan el valor de estar en el poder. Cuando proveen financiamiento para los regímenes autocráticos pueden, en efecto, evitar la redistribución del poder político hacia la clase media y, por lo tanto, impedir la adopción de políticas que promuevan el crecimiento (Bourguignon y Verdier, 2000). Asimismo, la disponibilidad de dichos ingresos puede impulsar a las elites a bloquear las mejoras tecnológicas e institucionales que podrían debilitar su ocupación del poder (Acemoglu y Robinson, 2006). En casos extremos, las controversias sobre el acceso a los recursos naturales pueden generar conflictos armados. Collier y Hoeffler (2004) estiman que un país cuyos recursos naturales conforman más del 25 % del PIB se enfrenta a una probabilidad del 23 % de tener conflictos civiles, en comparación con el 0,5 % de un país que no cuenta con recursos.

Se puede sostener que la bibliografía sobre economía política y su aplicación de los modelos económicos al sector de los recursos tienen deficiencias sustanciales. Entre las deficiencias de la teoría existente se incluyen las siguientes:

- Se asume que el Estado tiene el derecho de propiedad sobre el recurso y que las rentas fluyen del suelo sin necesidad de realizar inversiones ni esfuerzos.
- A pesar de que los modelos supuestamente se enfocan en los recursos subterráneos, todos ellos ignoran la naturaleza limitada de estos recursos. No se tienen en cuenta los límites de las reservas, y muchos modelos simplemente asumen que el recurso es ilimitado y que se produce sin ningún esfuerzo o costo. Ninguno de los enfoques es un modelo explícito de un recurso mineral, gasífero o petrolero.
- A pesar de que la propiedad estatal de los recursos naturales es una característica que se observa en muchos países, los modelos no examinan el grado de sensibilidad de los resultados en relación con distintos mecanismos de derecho de propiedad (por ejemplo, propiedad privada con impuesto, cierta participación directa del Estado y políticas de reemplazo de personal extranjero por personal nacional).

La abundancia de recursos puede agravar la falta de disciplina fiscal. Los ingresos extraordinarios repentinos provenientes de las IE suelen generar expectativas de aumento del gasto público, lo que puede fomentar una relajación excesiva de la política fiscal y bajos ahorros. El resultado puede ser una inversión pública en proyectos innecesarios o improductivos y un aumento de la deuda soberana. De hecho, mientras que las tasas de ahorro observadas y óptimas parecen diferir muy poco en las economías que no cuentan con recursos, difieren marcadamente en los países ricos en recursos (van der Ploeg, 2011). Bleaney y Halland (de próxima aparición, en 2015) no encuentran pruebas que indiquen que la abundancia de recursos naturales, en general, promueva la falta de disciplina fiscal. De hecho, sus resultados indican que los exportadores de combustible suelen tener un mejor equilibrio fiscal del Gobierno general. Sin embargo, algunos de los países ricos en recursos incluidos en la muestra han exhibido, tras los descubrimientos de petróleo o minerales, una falta de disciplina fiscal grave que no se puede explicar mediante el modelo econométrico de los autores. Los hallazgos de Bawumia y Halland (de próxima aparición, en 2015) son testimonio de la importancia que tiene la gestión inicial de las expectativas, la disciplina fiscal real en oposición a la confianza en las reglas fiscales, la independencia real y absoluta (en oposición a la nominal) del banco central, así como el establecimiento de medios para aislar de las presiones políticas el fondo soberano de riqueza y la entidad gubernamental responsable de la proyección de los ingresos petroleros.

Si la inestabilidad de los precios de los productos básicos y, a su vez, de los flujos de ingresos públicos provenientes de las IE se transfiere al gasto público y al producto, podría afectar el crecimiento de manera negativa. Van der Ploeg y Poelhekke (2010) concluyen que la abundancia de recursos naturales tiene un efecto directo positivo sobre el crecimiento, que en cierta medida es compensado por el efecto indirecto de la inestabilidad del producto. En esta línea de argumentación, la "maldición de los recursos" surgiría a raíz de la alta inestabilidad de los precios de los productos básicos y afectaría el crecimiento a través de la inestabilidad del producto, que se podría mitigar mediante el desarrollo del sector financiero y la apertura al comercio. Bleaney y Halland (2014) concluyen que la inestabilidad del gasto público, junto con la calidad institucional en general, explica el crecimiento más lento. Esto indica que los países ricos en recursos que son capaces de nivelar el gasto público se desempeñan mejor que sus pares.

A menos que se realice una transferencia de tecnología del sector de las IE a las industrias nacionales, la abundancia de recursos podría contribuir a la desindustrialización. No obstante, algunos países ricos en recursos han logrado un amplio desarrollo industrial, aun cuando su moneda se ha apreciado en medio de grandes exportaciones de recursos. Por lo tanto, el "síndrome holandés" no explica plenamente las distintas trayectorias de desarrollo industrial que se observan en los países ricos en recursos. Algunos estudios (Gylfason, Herbertsson y Zoega, 1999; Matsuyama, 1992) sugieren que la industrialización y el crecimiento basados en los recursos tienen lugar si el sector de las IE es una fuente de transferencia de tecnología y aprendizaje práctico. Torvik (2001) señala como ejemplo a Noruega: en este caso, de acuerdo con este argumento, la extracción de recursos naturales fomentó el aprendizaje práctico en los sectores de bienes comerciados y no comerciados.

Para obtener análisis más completos de la bibliografía sobre la "maldición de los recursos", los lectores interesados pueden remitirse a van der Ploeg (2011) y Frankel (2010).

Contenido de los dos volúmenes

En el primer volumen, "El sector de las industrias extractivas", se ofrece una reseña general de cuestiones fundamentales para la economía de las IE; se analizan los componentes principales del buen gobierno, las políticas y los marcos institucionales del sector, y se identifican las obligaciones de financiamiento del sector público en relación con las IE. El análisis de los aspectos económicos de las IE abarca la valuación de los activos subterráneos, la interpretación económica de los minerales y la estructura de los mercados de la energía y los minerales. En este volumen se determinan las responsabilidades de las entidades gubernamentales correspondientes y se describen las características de los marcos jurídico y reglamentario del sector de las IE. Se analizan brevemente las funciones clave y específicas del sector, como la administración de los datos geográficos y el catastro; las características y la administración de un régimen fiscal eficiente de las IE; la gestión y el seguimiento de los contratos, y los requisitos típicos para un entorno empresarial fértil de las IE.

Además, en el volumen se describen las estructuras económicas y financieras que sustentan las salvaguardas ambientales y sociales, como el uso de garantías financieras para el desmantelamiento, y de fundaciones, fideicomisos y fondos comunitarios. Se aborda brevemente la inversión de los ingresos públicos generados por el petróleo, el gas o los minerales, con un enfoque en la infraestructura, y se presenta un breve debate sobre la diversificación económica basada en las IE y la creación de contenido local. Para los lectores interesados, en el primer párrafo de los capítulos, a veces se hace referencia a publicaciones más especializadas orientadas a áreas temáticas individuales. En los apéndices también pueden encontrar material adicional sobre la recaudación de ingresos, la proyección de ingresos y la gestión de los pasivos contingentes, entre otros temas, y material sobre los sistemas de clasificación de recursos, las normas de presentación de informes sobre reservas, los tipos de rentas económicas que son característicos del sector de las IE, la relación entre las políticas fiscales y las reservas económicas, y el impacto de los cambios en los ingresos sobre la demanda de productos básicos.

En el segundo volumen, "Gestión fiscal en países ricos en recursos", se abordan las dificultades fiscales más importantes que suelen estar relacionadas con los grandes flujos de ingresos provenientes del sector de las IE. En este volumen se analizan las políticas fiscales según cuatro dimensiones relacionadas: la estabilización a corto plazo, la gestión de los riesgos y las vulnerabilidades fiscales, la promoción de la sostenibilidad a largo plazo y la importancia de que existan buenos sistemas de gestión de las finanzas públicas y de las inversiones públicas. Posteriormente, en el volumen se examinan diversos mecanismos institucionales utilizados para brindar asistencia con la gestión fiscal, como los marcos de gastos a mediano plazo, los fondos de recursos, las reglas fiscales y los consejos fiscales. Asimismo, en el volumen se analizan la afectación de los ingresos, las proyecciones de ingresos provenientes de los recursos en lo que respecta al presupuesto del Gobierno y la transparencia fiscal[2] y se detallan diversos indicadores fiscales que se utilizan para evaluar la postura fiscal de los países ricos en recursos.

Dada la diversidad de las experiencias en los países ricos en recursos, los temas analizados en los dos volúmenes serán más pertinentes para algunos países que para otros. Cada volumen se puede leer de manera independiente del otro, aunque en ellos se abordan temas en común. Se espera que la información que proporcionan constituya una base sólida para los economistas, profesionales de las finanzas públicas y responsables de políticas que desean fortalecer la gestión del sector de las IE y los sistemas fiscales y de GFP relacionados en sus países.

Notas

1. En la actualización preliminar de 2014 del pilar de gestión de los ingresos provenientes de recursos (pilar IV) del Código de transparencia fiscal del FMI, se define usufructuario como "la entidad legal o, si corresponde, la persona natural que posee en última instancia el interés económico en el titular de un derecho sobre recursos naturales dentro de un país, generalmente a través de una cadena de partes relacionadas que puede establecerse en diferentes jurisdicciones" (http://www.imf.org/external/np/exr/consult/2014/ftc/pdf/121814.pdf). En el contexto de la evasión de impuestos, las empresas pueden ocultar el usufructo de una o más empresas

vinculadas a fin de evitar el escrutinio de un presunto flujo de bienes y servicios en condiciones de igualdad entre las empresas vinculadas o las filiales. El usufructuario de un recurso natural sería la entidad legal o la persona natural que es titular de los derechos de extracción en un país, posiblemente a través de partes vinculadas en diversas jurisdicciones.

2. Dado que la gestión de las finanzas públicas es pertinente a los recursos naturales, se está trabajando en publicaciones posteriores referidas al tema.

Organización de este volumen

En este volumen se describen los componentes clave de las políticas del sector de las IE y se identifican las obligaciones financieras del sector público que están relacionadas con las IE. En el capítulo 1 se presentan los objetivos amplios del desarrollo basado en los recursos. En el capítulo 2 se detallan diversos aspectos fundamentales del sector de las IE, como la contabilidad de las reservas físicas, la evaluación de los activos subterráneos y la comprensión de la estructura de los mercados de productos básicos. En el capítulo 3 se describe el marco institucional en el que se encuadra el sector de las IE, así como las responsabilidades de diversas entidades gubernamentales para garantizar el crecimiento basado en los recursos. En el capítulo 4 se analizan los ciclos de las inversiones y los proyectos del sector de las IE. En el capítulo 5 se ofrece una descripción de las principales funciones operativas del gobierno del sector de las IE: el marco jurídico y reglamentario, la administración de los datos geográficos y los catastros, las características y la administración de impuestos transparentes y eficientes sobre los recursos, así como el entorno empresarial de las IE. El capítulo 6 se centra en el seguimiento del sector y la gestión de contratos, como los regímenes fiscales y los problemas ambientales y sociales. En el capítulo 7 se analiza la inversión de los fondos públicos que surgen de los ingresos provenientes de los recursos y, en el capítulo 8, se ofrece una introducción muy breve a la diversificación económica basada en las IE y la creación de contenido local.

CAPÍTULO 1

Definición de los objetivos de políticas del sector

La cadena de valor de las industrias extractivas

El carácter limitado y no renovable de los recursos petroleros, gasíferos y minerales es la principal premisa de una política sectorial de las IE. Otras características clave son la elevada intensidad de capital del sector, los bienes de larga duración, los productores que aceptan los precios (los precios se fijan en mercados mundiales y los productores individuales influyen sobre ellos solo de manera limitada) y las inversiones inmóviles desde el punto de vista geográfico, así como la naturaleza internacional de los mercados de productos básicos y los inversionistas de las IE. Con el fin de sentar las bases para el desarrollo sostenible a largo plazo, los recursos subterráneos (capital natural) deben invertirse o convertirse en formas más productivas de capital, respetando, al mismo tiempo, las bases ambientales y sociales del país. *El ahorro neto ajustado* mide el verdadero nivel de ahorro de un país y tiene en cuenta el agotamiento de los activos subterráneos, como el petróleo y los minerales (así como otro tipo de capital natural) y la inversión en capital humano, infraestructura y demás capital producido. El ahorro neto ajustado, negativo y sostenido conduce a una reducción de la riqueza total y del bienestar de la población. Muchos países ricos en recursos, particularmente en África al sur del Sahara, presentan un ahorro neto ajustado muy bajo o negativo (Ross, Kaiser y Mazaheri, 2011).

Tanto la generación como la recaudación de ingresos provenientes de los recursos y, más adelante, su inversión productiva, requieren de una serie de políticas que abarquen sectores y capacidades humanas e institucionales. La cadena de valor de las IE (gráfico 1.1) ofrece un marco para el buen gobierno del sector. Abarca la adjudicación de contratos y el otorgamiento de licencias, el seguimiento de las operaciones, el cumplimiento de los requisitos de protección ambiental y mitigación de los impactos sociales, la recaudación de impuestos y regalías, la distribución de ingresos en forma racional, así como la implementación de

Gráfico 1.1 La cadena de valor de las IE: Un marco para el buen gobierno

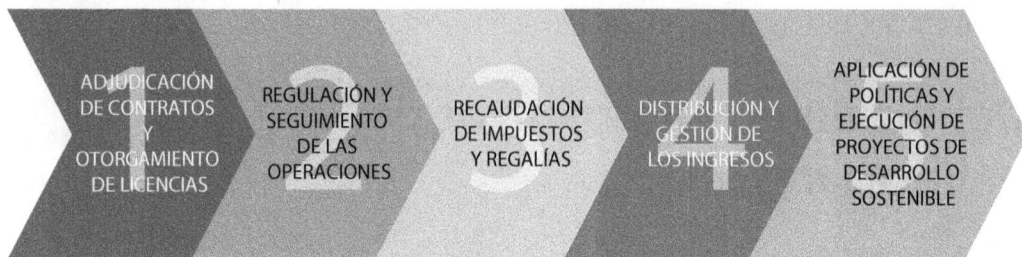

Fuente: Mayorga Alba (2009).

políticas y proyectos de desarrollo sostenible. El marco está previsto como una herramienta para respaldar el esfuerzo de los países por traducir la riqueza de hidrocarburos y minerales en desarrollo sostenible (Mayorga Alba, 2009).

Mejoramiento de la movilización de recursos

Para lograr una óptima movilización de recursos, muchos países en desarrollo con abundantes recursos descubren que deben invertir significativamente en el fortalecimiento de la negociación de contratos y en la capacidad de gestión; por lo tanto, actualizan la administración tributaria de los recursos y mejoran el clima para la inversión de las IE. Según se detalla en el capítulo 6, sobre el seguimiento y el cumplimiento de los contratos, una capacidad insuficiente para la gestión de los contratos y la administración tributaria puede conducir a importantes pérdidas de ingresos si las empresas de recursos no declaran de manera completa las cantidades extraídas, las leyes o los precios. Sin embargo, la movilización de recursos no se limita a los contratos, los impuestos y las regalías; también implica atraer inversiones. Para atraer inversiones al sector de las IE y, por consiguiente, maximizar los ingresos, una política sectorial debe establecer lo siguiente:

- La capacidad técnica necesaria para llevar a cabo estudios geológicos gubernamentales, atraer inversiones en áreas prometedoras y proporcionar información sobre los procesos de otorgamiento de licencias y planificación del uso de la tierra.
- La capacidad adecuada para gestionar los derechos de exploración y extracción de minerales y petróleo, sobre la base de un sistema catastral transparente y eficiente.
- Un entorno empresarial atractivo (que incluya legislación clara, transparente, estable y previsible sobre minería o petróleo) con pocos obstáculos para el ingreso y que, al mismo tiempo, respete las normas para la capacidad técnica y financiera de las empresas.
- La capacidad suficiente para negociar contratos y para lograr las condiciones óptimas para la exploración y la extracción, cuando sea pertinente[1].

- La capacidad técnica suficiente, particularmente en mineralogía, para realizar un seguimiento confiable de la cantidad y calidad de la producción y de las exportaciones de minerales.
- La capacidad técnica adecuada en materia de impuestos y contabilidad para gestionar de manera confiable la recaudación de impuestos, regalías y tasas.
- La estabilidad, la previsibilidad, la transparencia y la rendición de cuentas en la gestión de los contratos y los ingresos, y de las condiciones fiscales y contractuales.

En los últimos años, el Fondo Fiduciario Específico para la Gestión de la Riqueza Generada por los Recursos Naturales del Fondo Monetario Internacional (FMI), así como diversas organizaciones no gubernamentales (ONG) internacionales han abordado ampliamente el problema de la capacidad para movilizar los ingresos provenientes de los recursos. El tema de los impuestos relacionados con los recursos se trata de manera amplia en *The Taxation of Petroleum and Minerals* (Daniel, Keen y McPherson, 2010). El Servicio de Asesoría Técnica para las Industrias Extractivas (EI-TAF) del Banco Mundial ha proporcionado, en parte, los recursos financieros necesarios para mejorar la capacidad de negociación de contratos. Sin embargo, la capacidad para administrar los ingresos provenientes de los recursos, así como para gestionar los ingresos provenientes de los recursos en general, sigue siendo baja en muchos países en desarrollo con abundantes recursos, lo que podría conducir a la pérdida de ingresos.

Desarrollo social y económico basado en las industrias extractivas

Después de los aumentos de los precios de los productos básicos, los objetivos de las políticas de los sectores del petróleo, la minería y el gas han trascendido progresivamente la movilización de recursos. Existe en la actualidad un consenso general en cuanto a que las políticas sobre recursos deben prever un desarrollo económico y social que abarque más que el fin de la extracción de petróleo, gas o minerales. Si bien no existe una política integral que abarque la totalidad de la industrialización y el desarrollo económico basados en los recursos, hay experiencias exitosas que revelan la necesidad de sólidas políticas gubernamentales. Los objetivos de estas políticas pueden ser, entre otros, los siguientes:

- Compensar el agotamiento de los activos subterráneos limitados mediante inversiones en recursos humanos, infraestructura y una capacidad de producción y una diversificación más amplias y de largo plazo.
- Aprovechar las inversiones del sector privado en infraestructura para las IE a fin de mejorar la capacidad de la infraestructura pública nacional.
- Desarrollar capacidad para incorporar valor a nivel local, regional y nacional a través del desarrollo de encadenamientos hacia adelante y hacia atrás (así como también encadenamientos laterales con sectores e infraestructura que tengan como base los conocimientos y la tecnología) y del apoyo para los empresarios a nivel local y nacional.

- Desarrollar capital humano (en cooperación con empresas de recursos) para abordar las necesidades de dotación de personal de las empresas, así como también aquellas de los sectores relacionados (extracción, procesamiento y abastecimiento).
- Garantizar que la extracción de recursos se lleve a cabo de un modo que minimice la degradación ambiental y fomente la biodiversidad.
- Garantizar que el beneficio para las comunidades, incluidos los propietarios y los ocupantes de los terrenos usados para actividades extractivas, se defina por medio de un proceso justo. Resulta importante tener en cuenta que la noción de equidad cambiará durante la vida útil de una mina debido a i) la diferencia entre la realidad y las expectativas que se tienen al momento de desarrollarla, ii) los cambios en los precios de los productos básicos y iii) otros cambios (desplazamientos demográficos, crisis externas, por ejemplo, a causa del cambio climático, etc.).
- Exigir el cumplimiento de normas de salud y de seguridad.

Nota

1. La mayoría de los países no usa los contratos para regular las relaciones con los inversionistas extranjeros del sector minero. En cambio, usan sistemas de códigos mineros, según los cuales la mayoría de los derechos y las obligaciones del inversionista (si no todos) se determinan por el derecho minero o sus reglamentaciones. Si bien algunas economías altamente desarrolladas usan contratos y negociaciones, estos se emplean con mayor frecuencia en los tratos con los países cuya legislación minera es relativamente escasa. El contrato se puede usar como un instrumento de transición que permite a los países participar en la economía de los minerales y que, a su vez, desarrolla un sistema más sofisticado e integral de legislación minera (y las instituciones estatales necesarias para respaldarlo). La mayor parte de los países que participan en contratos están ubicados en África; los contratos también se usan en América Central, Asia Central y Asia meridional.

CAPÍTULO 2

La economía del sector de las industrias extractivas

Contabilidad de las existencias físicas: Recursos, reservas y la interpretación económica de minerales

"Recursos" y "reservas" son términos comunes que se emplean en el marco de las IE, pero que de algún modo pueden resultar confusos para las personas que no están familiarizadas con dicho sector. Aquellos a quienes no les resulten familiares los términos podrían suponer que los "recursos" son minerales o hidrocarburos que se encuentran disponibles para su extracción en el presente, mientras que las "reservas" se guardan para el futuro. En la industria, las definiciones adquieren significados muy específicos, definidos por códigos (consulte el apéndice A para obtener un análisis de los cuatro principales códigos de clasificación que se emplean para los recursos y las reservas) que posteriormente son reforzados por requisitos legales de divulgación correspondientes a muchas empresas que cotizan en bolsa en todo el mundo. Sus definiciones de algún modo se contradicen con la intuición: los "recursos" minerales hacen referencia, en general, a una concentración de minerales de interés económico, con la posibilidad de ser potencialmente extraída de manera económica, mientras que una "reserva" es una porción de un recurso que ha demostrado ser viable para la extracción en términos legales, económicos y técnicos. En ese sentido, las reservas están más preparadas para la extracción que los recursos, los cuales aún no han superado la prueba de viabilidad económica.

"Mineral" es otro término habitualmente empleado en la industria de los minerales, donde, a diferencia de "recursos", posee dos definiciones: una técnica y una económica. En este contexto, el mineral es una porción de roca mineralizada que contiene suficientes minerales (con elementos importantes, incluidos metales) para hacer que la extracción resulte económicamente rentable. No todos los yacimientos minerales tienen el mismo origen y su valor económico cambia en respuesta a políticas y a factores externos. Los yacimientos minerales no son homogéneos y contienen calidades variables de minerales que difieren en un sentido económico con relación a su cercanía a la superficie, el contenido de materiales perjudiciales, la dureza de la roca y la facilidad de extracción, y lo que es más importante aún, su concentración de metales principales, coproductos y subproductos o "ley". A raíz de esta heterogeneidad, el volumen de un yacimiento mineral puede ser sensible a factores que afectan la rentabilidad económica, como cambios de los precios, los costos, la política fiscal y la tecnología.

La "ley de corte" es esencial para determinar el límite entre los minerales y los residuos de roca. Si la concentración de metal en un yacimiento mineral está por debajo de la ley de corte, la extracción no es económicamente viable. En un sentido más específico, la ley de corte es la concentración mínima de metal o producto con valor que el material extraído debe contener para que se lo envíe a la planta de procesamiento. Esta definición se usa para distinguir el material que no debe extraerse o que debe desecharse del material que debe procesarse (Rendu, 2014).

La ley de corte no es un rasgo exógeno del yacimiento mineral. Esta definición puede verse afectada por las estrategias operativas y de financiamiento de empresas individuales, por limitaciones económicas o técnicas (tales como el tamaño de los equipos o los perfiles de los pozos y la secuencia de extracción) o por criterios de desempeño técnico impuestos por préstamos bancarios u otras instituciones financieras.

La ley de corte puede aumentar o disminuir, de manera permanente o temporal, y puede tener efectos a largo plazo en la cantidad de recursos minerales que puede extraerse de un yacimiento mineral con fines económicos. Un aumento de la ley de corte, que se denomina "ley alta", es una estrategia que en ocasiones pueden usar empresas mineras para aumentar la rentabilidad a corto plazo (y el valor neto actualizado [VNA] de un proyecto), con la consecuente posibilidad de aumentar la rentabilidad para los inversionistas. No obstante, aumentar la ley de corte supone también la probabilidad de acortar la vida útil de la mina reduciendo el nivel de reservas económicas y disminuyendo además la ley promedio de los recursos y las reservas restantes. Se puede producir un cambio de la ley de corte como consecuencia de factores fuera del control de la gestión, como un cambio de la política fiscal del país. Desde la perspectiva de la política fiscal, esto es importante: mayores regalías, gravámenes y otras tasas aumentan la ley de corte de una mina, al igual que lo hace un aumento de los costos o una reducción del precio.

En consecuencia, un cambio considerable de la tasa de regalías puede producir un aumento de la ley de corte o una "ley alta". En este caso, la decisión de la empresa de aumentar la ley de corte constituye una respuesta óptima ante políticas fijadas por un Gobierno cuyas acciones conducen a una posible esterilización permanente de una parte de los recursos del país y la posible reducción de la riqueza de su subsuelo[1]. Además, la anticipación de dicho tipo de política podría ser suficiente para inducir un aumento de la ley de corte, ya que la empresa cuenta con un incentivo para maximizar las utilidades y agotar más recursos mientras las regalías son bajas, en lugar de arriesgarse a agotar los recursos en el futuro, cuando las regalías sean mayores y las ganancias, menores.

Por ejemplo, los cálculos del cuadro 2.1 indican el posible impacto de un cambio (propuesto en 2014) de la tasa de regalías para la extracción de cobre en las minas a cielo abierto de Zambia, a 20 % a partir del nivel existente de 6 %. El efecto del aumento propuesto de la regalía tiene el potencial de incrementar la ley de corte del recurso de la mina de Lumwana y el depósito de Chimiwungo, en Zambia, de 0,26 % de cobre (Cu) a 0,31 % de Cu. Esto reduciría el recurso total de cobre disponible para la minería y generaría una pérdida estimada del valor *in situ* de US$700 millones (según los cálculos de los autores).

Como se ilustra en este ejemplo (véase el gráfico 2.1), la ley alta puede reducir la vida útil de la mina y hacer que se consuman menos recursos totales. Esto puede reducir las oportunidades que dependen del tiempo, como aquellas ofrecidas por los ciclos de precios, y las oportunidades de desarrollar encadenamientos espaciales, hacia adelante y hacia atrás de las IE. Una vida útil menor de la mina puede, a su vez, reducir los beneficios socioeconómicos, tales como el empleo a largo plazo. Por ende, existen muchas consecuencias directas e indirectas, posibles e imprevistas de los cambios de la ley de corte.

Como lo demuestra la estrategia de ley alta, la noción de que las reservas son una cantidad fija es errónea. Las estrategias del sector privado, las políticas

Cuadro 2.1 Evaluación preliminar de la forma en que distintos niveles de regalías afectarían la ley de corte y la viabilidad económica del recurso de Lumwana-Chimiwungo en Zambia

Suposiciones (extraídas del informe técnico NI 43-101 de Barrick)			
Costos operativos directos:	US$/t		
Costo promedio de extracción	3,76		
Costo promedio de procesamiento	9,72		
Costo promedio general y de administración	3,50		
	0 % de regalías	6 % de regalías	20 % de regalías
Costo total (US$/t tratadas)	16,98	16,98	16,98
Ley de corte (% de Cu)	**0,25 %**	**0,26 %**	**0,31 %**
Costo total (US$/t de Cu)	6833	6424	5468
Costo total (US$/lb de Cu)	3,10	2,91	2,48
Precio (US$/lb de Cu)	3,10	3,10	3,10
Regalías (%, bruto)	**0 %**	**6 %**	**20 %**
Precio neto (US$/lb de Cu)	**3,10**	**2,91**	**2,48**
Precio-costo (punto de equilibrio)	0	0	0
Toneladas aproximadas por encima del corte	447 360 574	436 324 806	400 773 623
Ley promedio por encima del corte (% de Cu)	0,65 %	0,66 %	0,69 %
Cobre contenido en toneladas por encima del corte (t)	2 894 423	2 865 491	2 761 428
Cobre (lb)	6 381 102 644	6 317 318 501	6 087 900 408
Diferencia de producción de cobre (lb) (a partir del 0 % de regalías)	0	-63 784 143	-293 202 236
Diferencia de valor (US$) (a partir del 0% de regalías)	**0**	**-197 730 843**	**-908 926 932**
Diferencia de cobre (lb) (a partir del 6 % de regalías)		0	-229 418 093
Diferencia de valor (US$) (a partir del 6% de regalías)		**0**	**-711 196 090**

Fuente: Cálculos del autor extraídos de Londono y Sanfurgo (2014). Gentileza de la Sociedad de Minería, Metalurgia y Exploración (SME).
Nota: Cu = cobre; lb = libras; US$/t = dólares por tonelada; US$/lb = dólares por libra.

Gráfico 2.1 Representación gráfica de la forma en que un cambio de las regalías afectaría la ley de corte y la viabilidad económica del recurso de Lumwana-Chimiwungo en Zambia

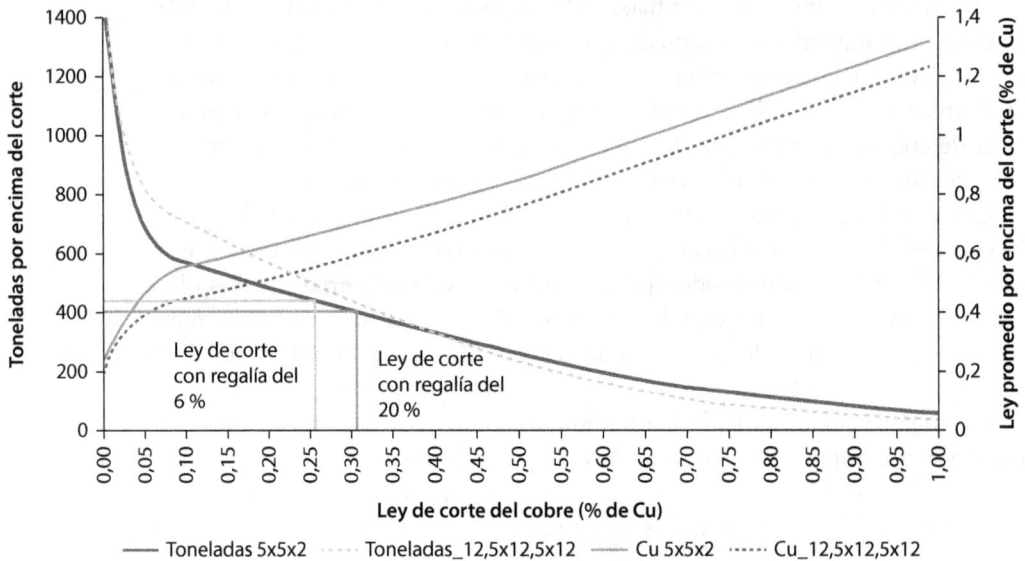

— Toneladas 5x5x2   ···· Toneladas_12,5x12,5x12   — Cu 5x5x2   ···· Cu_12,5x12,5x12

Fuente: Cálculos de Barrick Gold Corporation, extraídos de Londono y Sanfurgo (2014).
Nota: El efecto del aumento propuesto de la regalía tiene el potencial de incrementar la ley de corte en el recurso de Lumwana-Chimiwungo de 0,26 % de Cu a 0,31 % de Cu. Según la relación toneladas-ley correspondiente al yacimiento, el aumento de la ley de corte reduce los recursos económicamente viables en aproximadamente 35 millones de toneladas o alrededor de 230 millones de libras de cobre. *A un precio de US$3,10/lb, el valor* in situ *perdido del recurso de Chimiwungo únicamente por la regalía es de aproximadamente US$700 millones.* Cu = cobre.

públicas y los factores externos afectan la riqueza del subsuelo de un país a corto y largo plazo. Las estrategias operativas y las políticas públicas pueden afectar el total de recursos disponibles para su extracción y ello, a su vez, afectará los costos mediante economías de escala óptima; en consecuencia, los minerales y las reservas son aspectos endógenos de la política fiscal y no fijos y exógenos, como se supone con frecuencia. (Este carácter endógeno resulta particularmente evidente cuando se modifica la ley de corte). En resumen, los minerales y las reservas no tienen un volumen ni un valor fijos, sino que oscilan constantemente con el transcurso del tiempo en respuesta a cambios de políticas, precios y costos.

Teoría de las rentas y valoración de los activos subterráneos

Como se puede observar en el gráfico 2.2, a pesar de que Zambia es famosa por sus yacimientos de ley alta, las minas de cobre de la provincia de Copperbelt tienen una posición mucho menos competitiva y son más vulnerables a los cambios de los precios (si se tienen en cuenta los altos costos de extracción y transporte) que algunas minas ubicadas en otras regiones del mundo. En los lugares donde las minas de productos básicos a granel (por ejemplo, mineral de hierro, carbón) se encuentran cerca de la superficie de la tierra y disponen de fácil acceso al transporte marítimo, los costos de producción pueden ser considerablemente menores. Algunas minas también se encuentran vinculadas con

Gráfico 2.2 Curva de los costos de la producción minera de cobre, proyectos seleccionados, Zambia
Centavos estadounidenses por libra

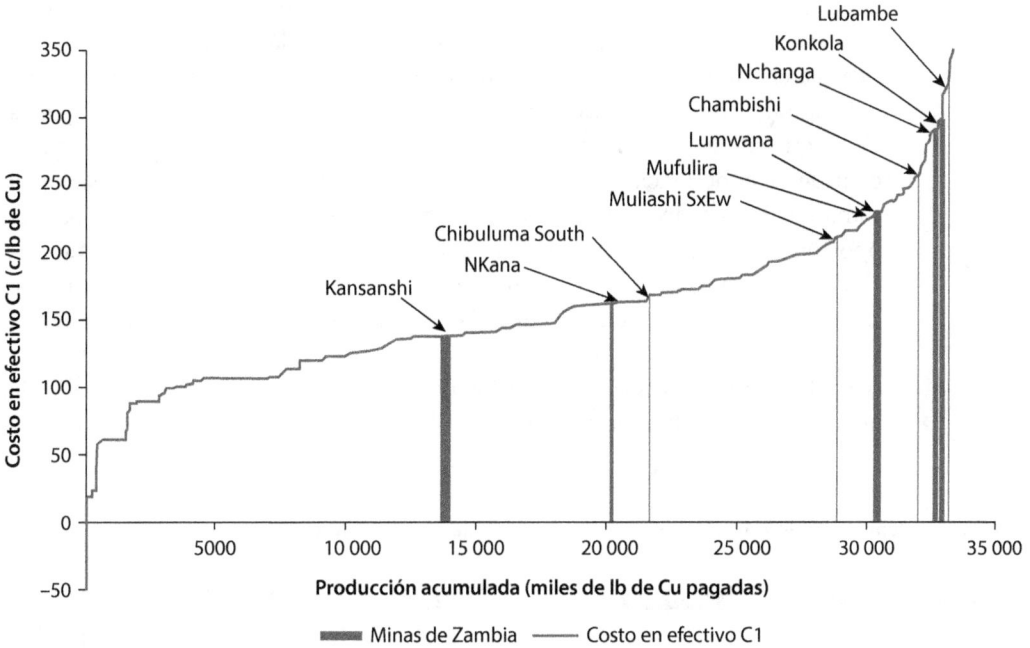

Fuente: Wood Mackenzie (2013).
Nota: c/lb = centavos de dólar estadounidense por libra; Cu = cobre.
1. Cada una de las columnas resaltadas en azul representa a un único productor de diferente calidad. La altura de cada columna refleja los costos de producir una unidad determinada de cobre u otro metal. Esto puede representar casos en los que el cobre se encuentra relacionado con otro metal (por ejemplo, el oro o el cobalto) y la producción de este metal subsidia la producción del cobre, lo que genera costos de producción de cobre negativos.
2. Las curvas de costo en efectivo C1 constituyen una medida de todos los costos directos, expresados en centavos de dólar estadounidense por libra ("c/lb") por "cobre pagado"; los costos de C1 se pueden interpretar como costos a corto plazo. Los costos directos netos en efectivo (C1) incluyen: los costos en efectivo en los que se incurre durante cada etapa del procesamiento hasta la entrega al mercado, menos los créditos netos por subproductos, si los hubiera. Estos incluyen los costos de extracción, transporte y molienda de los minerales; los gastos generales y de administración del emplazamiento de la mina; el flete y la fundición del concentrado, los gastos generales y de administración de la fundición, y los costos de comercialización.
3. Las posiciones del gráfico representan una "instantánea" de la oferta de la industria. Se prevé que la posición de las minas individuales varíe durante su ciclo de vida.

fundiciones que tienen bajos costos de energía o una alta disponibilidad de mano de obra especializada. La extracción en otros yacimientos no es tan sencilla, pero estos siguen siendo rentables. Los precios se corresponden con el costo marginal del productor marginal. Debido a que la mayoría de los minerales son productos básicos perfectos (es decir, una libra de cobre se puede reemplazar fácilmente por otra)[2], los precios de venta son similares para todos los productores. Esto hace que los productores de bajo costo obtengan rentas económicas posiblemente considerables.

Las rentas económicas son cualquier pago realizado a un factor de producción que exceda el costo (incluidos el capital y el rendimiento del capital) necesario para que dicho factor comience a producir. Las rentas económicas no están limitadas a los sectores del petróleo, el gas y la minería, pero existen dondequiera que haya un factor fijo de producción. Al igual que esos sectores, hay varios tipos diferentes de rentas presentes en las industrias extractivas: ricardianas, de Hotelling y cuasirrentas (como las asociadas con el rendimiento del capital). Las rentas ricardianas no pueden disminuirse por la competencia. Dado que son generadas por el recurso en sí y no completamente por la aplicación de la experiencia o el conocimiento, pueden gravarse sin distorsionar la toma óptima de decisiones. Las rentas de Hotelling constituyen los costos de oportunidad para producir una unidad más hoy en lugar de en el futuro; las cuasirrentas reflejan el rendimiento del capital y otros costos fijos. Debido a que tanto las rentas de Hotelling como las cuasirrentas son costos reales, gravarlas generaría decisiones de producción distorsionadas. (Véase el gráfico 2.3 donde se incluye una ilustración, y el valor neto actualizado, valor neto actualizado, apéndice B para obtener más información sobre los tres tipos de rentas).

Gráfico 2.3 Representación conceptual de las rentas ricardianas y las rentas de Hotelling

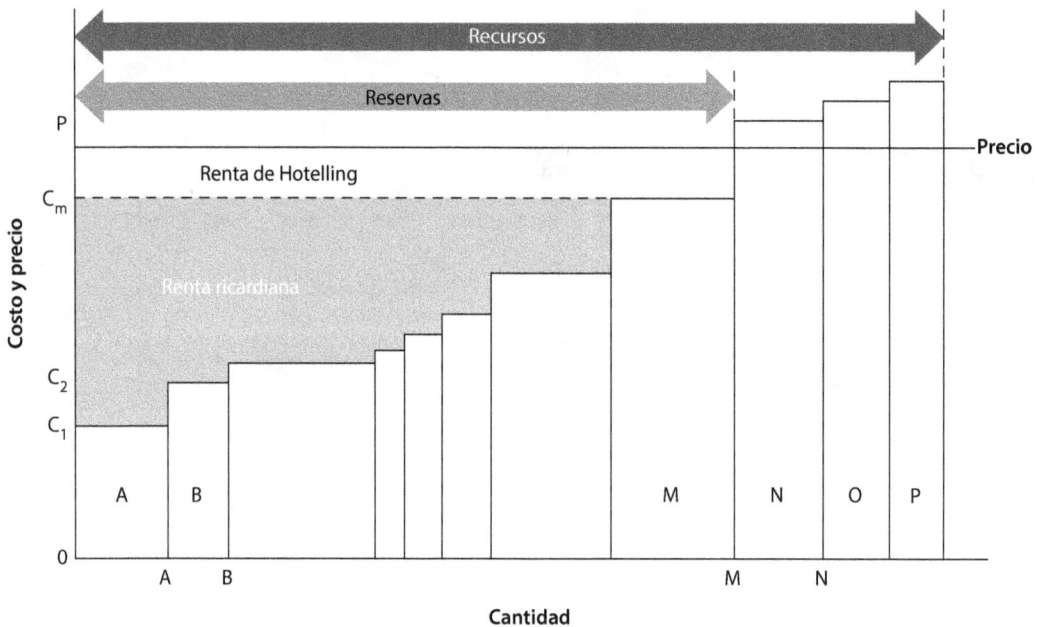

Fuente: Extraído de Nordhaus y Kokkelenberg (1999) y de Otto y otros (2006). Reproducido con la autorización de National Academies Press, derechos de autor de 1999, Academia Nacional de Ciencias.

Nota: Cada una de las columnas, de la A a la P, representa un único productor real o posible de diferente calidad. La altura de cada columna refleja los costos de producir una determinada unidad de cobre u otro metal. Por ejemplo, en el caso de la mina más productiva o con la ley más elevada, la mina de la columna A, los costos de producción son $0C_1$. En el caso de la mina de la columna B, los costos de producción son $0C_2$. La cantidad de metal que cada mina puede producir está dada por el ancho de su columna. De modo que la mina más productiva, la columna A, puede producir la cantidad $0Qa$ de metal y la mina de la columna B, la cantidad $QaQb$. P es el precio de mercado cuando la demanda requiere la producción de metal de las minas de las columnas A a la M y cuando existen costos para los usuarios o rentas de Hotelling. Las minas N, O y P no son económicas dados esos precios. Cabría esperar que los productores con un costo marginal de producción por debajo del precio de mercado clasificaran los recursos que podrían producirse a sus costos como "reservas", mientras que aquellos con un costo marginal por encima del precio de mercado, clasificaran dichas reservas como "recursos".

Valoración de los activos subterráneos

El valor de los activos subterráneos de un país es la suma del valor económico de las reservas y de otros recursos. El valor de las reservas debe incluir tres valores: rentas de Hotelling[3], rentas ricardianas y valor de opción. El valor de los otros recursos debe incluir el valor de opción únicamente. Estos valores se verán reflejados en los valores de mercado correspondientes a las reservas y los recursos cuando los mercados tengan un buen desempeño, es decir, cuando haya muchos compradores y vendedores potenciales de reservas y recursos, y haya una buena previsión respecto de las futuras condiciones tecnológicas y de mercado, un buen conocimiento de los activos subterráneos y, en términos generales, la adopción de decisiones razonables (Nordhaus y Kokkelenberg, 1999). En algunos casos, existen rentas relacionadas con estructuras de mercado imperfectas y se deben incluir en la evaluación de las reservas y de otros recursos. Por ejemplo, esto es necesario cuando existe una influencia en el mercado prolongada y estable, como en el caso del petróleo (la Organización de Países Exportadores de Petróleo [OPEP]), de la potasa (redes regionales de comercialización) y, hasta hace poco, de los diamantes (De Beers).

Hay tres tipos de técnicas para valorar los activos subterráneos: en función del mercado (como el valor de las transacciones y el análisis de índices), el costo o el flujo de caja (por ejemplo, el valor neto actualizado, VNA)[4]. Esos enfoques se describen brevemente a continuación:

- *En función del mercado.* El valor de la transacción habitualmente se usa para evaluar activos físicos creados por el hombre en cuentas nacionales y, en ocasiones, para respaldar los rangos de valoración en casos de fusiones y adquisiciones corporativas. Haciendo uso de este enfoque, el valor de los activos subterráneos tiene como base valores reales de transacciones, como cuando una empresa vende un activo (o un grupo de activos, como una corporación) a otra empresa. Sin embargo, obtener el valor subyacente del activo subterráneo requiere ajustar un precio de transacción para tener en cuenta otros valores incorporados en el precio, por ejemplo, efectivo a cuenta, capital asociado (caminos, plantas de procesamiento, etc.), regalías y obligaciones tributarias con Gobiernos, así como también otros activos o pasivos específicos de la empresa. Se debe tener en cuenta que las transacciones pueden ser poco frecuentes o no informarse en el dominio público, lo que dificulta su uso como base para la valoración.

- *En función del costo (por ejemplo, empleando costos de reposición).* El entendimiento detrás de este enfoque es que los mercados brindan incentivos para invertir en la reposición de un activo subterráneo en proceso de agotamiento hasta el punto en que el costo marginal o adicional de encontrar el reemplazo equivalga al valor de mercado. No obstante, este método solo resulta válido para valorar recursos de la misma calidad y, por lo tanto, no tiene en cuenta una fuente principal de rentas: la calidad diferencial de los activos subterráneos.

- *En función del flujo de caja, mediante el VNA.* Este es el método estándar empleado con mayor frecuencia para valorar activos subterráneos. Requiere definir un flujo de costos e ingresos futuros previstos y luego descontarlos, haciendo uso de la tasa de descuento correspondiente. Por estas razones, el uso del VNA requiere información respecto de las cantidades, las calidades, los costos actuales y futuros de producción, los precios actuales y futuros, y la tasa de descuento de los activos subterráneos. Un caso especial del método en función del flujo de caja se denomina valoración de Hotelling, a la que en ocasiones se denomina método del precio neto. En este caso, el VNA de un activo subterráneo simplemente es el precio neto actual (ingresos menos todos los costos), multiplicado por el tamaño del recurso. No hay necesidad de descontar de manera explícita, ya que si el activo se extrae en forma eficaz y prevalecen otras condiciones determinadas, su valor se incrementará con el tiempo a la tasa de interés, y compensará de manera exacta el descuento de valores futuros a la misma tasa. Este método resulta conveniente porque no requiere determinar la tasa de descuento apropiada ni prever precios y costos futuros. Sin embargo, las suposiciones resultantes corren el riesgo de ser poco realistas (Nordhaus y Kokkelenberg, 1999; Statistics Canada, 2006).

Las directrices para la valoración de activos subterráneos sugieren que la técnica adecuada para la valoración varía según el nivel de información geológica. Dos ejemplos de directrices empleadas para la valoración de propiedades mineras son las directrices del Comité de Valoración de Propiedades Mineras del Instituto Canadiense de Minería, Metalurgia y Petróleo (CIMVal)[5] y el Código de Sudáfrica para el Informe de Valoraciones de Activos Minerales (SAMVAL)[6]. Un rasgo común de estos códigos es que la técnica de valoración aceptable difiere según la naturaleza de la propiedad o del uso de la valoración. Por ejemplo, el enfoque en función del costo puede resultar aceptable para valorar una propiedad de exploración de la que se tiene poca información, pero es inaceptable para valorar minas en funcionamiento.

Estructura de los mercados de la energía y los minerales

Un análisis integral de los mercados de la energía y los minerales requiere la aplicación de principios económicos básicos, complementados con un conocimiento de los acuerdos institucionales (desde la exploración hasta el enriquecimiento) y la tecnología de extracción. Lo que sigue a continuación se apoya en gran medida en el trabajo de John Tilton, un prominente economista especializado en minería que escribió lo siguiente:

> Los estudios realizados por buenos economistas que aplican sus conceptos teóricos ignorando las importantes limitaciones tecnológicas e institucionales son práctica e inevitablemente estériles y engañosos. Lo mismo se puede decir de los especialistas en productos básicos, quienes pueden conocer bien las instituciones y las tecnologías relevantes, pero carecen de una comprensión básica de los principios económicos. *Un buen análisis requiere tener conocimientos tanto de economía como del metal específico de interés.* (Tilton, 1985).

En esta sección se proporciona un breve resumen de los distintos componentes básicos de los mercados de la energía y los minerales. Para obtener un análisis más exhaustivo del tema, los lectores deberán consultar a Tilton (1985).

Marco cronológico del análisis

Distinguir entre cuatro períodos distintos resulta útil para contextualizar los problemas económicos. Al diseñar sus modelos, los economistas primero definen el período de análisis. Las consideraciones que pueden ser esenciales para un análisis a corto plazo pueden no serlo para uno a largo plazo. Cualquier análisis de los mercados de la energía y los minerales debe estar definido por uno de los cuatro períodos diferenciados:

- *El inmediato*, cuando toda la producción se encuentra fija y los ajustes de oferta principalmente se logran a través de los cambios de inventarios.
- *El corto plazo*, cuando, en el lado de la demanda, las condiciones de mercado se consideran inalterables, y en el lado de la oferta, la capacidad de producción es fija. Los ajustes en el lado de la oferta se llevan a cabo mediante la utilización de la capacidad existente.
- *El largo plazo*, cuando no se supone ninguna limitación en la demanda, pero la oferta se encuentra limitada al agotamiento de los yacimientos conocidos y a las tecnologías existentes. Los ajustes a largo plazo están limitados por la inversión en nueva capacidad de producción.
- En el *muy largo plazo*, tanto la demanda como la oferta se encuentran liberadas por completo de limitaciones[7]. Los ajustes de la oferta de energía y metales en este período se pueden lograr a través de la exploración, la investigación y el desarrollo.

Este marco se resume en el cuadro 2.2.

En las siguientes subsecciones, se analizará de manera más detallada la naturaleza y la estructura de la oferta y la demanda.

Cuadro 2.2 Resumen de las limitaciones para la oferta y la demanda en distintos períodos

Período	Demanda	Oferta	Ajuste (oferta)
1. Plazo inmediato		La producción es fija	Inventarios
2. Corto plazo	Las condiciones del mercado se consideran fijas	La capacidad es fija	Utilización de la capacidad
3. Largo plazo	Sin limitaciones	Limitada a los yacimientos conocidos y a las tecnologías existentes	Inversión limitada
4. Muy largo plazo		Sin limitaciones	Exploración e I+D

Fuente: Cortesía de la SME.
Nota: I+D = investigación y desarrollo.

Determinantes de la demanda energética y de minerales

La demanda de productos energéticos y minerales principalmente se encuentra determinada por i) la capacidad y la voluntad de los compradores de pagar y ii) la demanda derivada, ya que muchos productos energéticos y de minerales son bienes intermedios de los procesos de manufactura. Cabe destacar que los determinantes de la demanda varían según el producto básico. A los fines de ahorrar espacio, el presente estudio se centra en los determinantes comunes de la demanda en todos los mercados de la energía y los minerales.

Existen siete determinantes esenciales para comprender la estructura de la demanda en todos los mercados de la energía y los minerales:

- *Ingresos y actividad económica.* Los productos energéticos y minerales con mucha frecuencia se consumen como productos intermedios empleados en la producción de bienes de consumo. Los cambios en la demanda de estos bienes finales repercuten de manera directa en la demanda de materias primas.

  A su vez, la demanda de bienes finales es una función del ingreso o de la actividad económica, que puede verse afectada por dos factores. El primer factor está representado por los cambios habituales a corto plazo, que se producen en gran medida como resultado de las fluctuaciones del ciclo comercial. El segundo factor está dado por los cambios a más largo plazo, impulsados por el crecimiento secular y el cambio estructural de la economía (a menudo se conceptualiza como la "intensidad de uso" [IdU]). Cualquiera que sea el principal responsable de un cambio de ingresos afectará la magnitud de la respuesta de la demanda. (La dinámica estructural a más largo plazo de la demanda de energía y minerales, incluida la IdU, se analiza en detalle en el apéndice C).

- *El precio del producto energético o mineral.* Además de los ingresos, el precio propio del producto básico mineral o energético es un determinante clave de la demanda. Un mayor precio aumenta el costo de producción del bien final, y si este costo se transfiere al precio del bien final y todos los demás factores permanecen sin cambios, la cantidad demandada del bien final disminuirá. Si se puede encontrar un sustituto eficaz en función de los costos, los fabricantes que usen la materia prima como insumo tendrán una motivación para dejar de elegir el metal con el precio más elevado.

- *El precio de los sustitutos.* La mayoría de los metales empleados como productos intermedios compiten con otros materiales (incluidos otros metales) que brindan una función similar. Por ejemplo, en la fabricación de conductos para refrigeración o cocina, el aluminio compite con el cobre.

  La relación entre el precio del aluminio y el precio del cobre está bien establecida y los analistas que operan con estos productos básicos habitualmente verifican el índice de un precio respecto del otro (véase el gráfico 2.4). Esto se

Gráfico 2.4 Precios del cobre durante tres meses comparados con precios del aluminio durante tres meses, 1990-2012

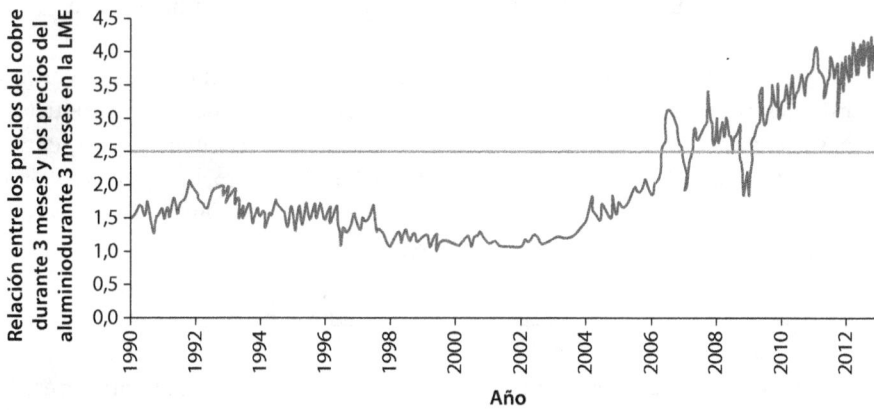

Fuente: 2014 Metal Outlook: Exploring Bull and Bear Risk Factors, J.P. Morgan Commodities Research (Kaneva, 2014).
Nota: LME = Bolsa de metales de Londres.

debe a que el aluminio y el cobre brindan propiedades termodinámicas similares y, por lo tanto, son muy buenos sustitutos para ser utilizados en tuberías de estufas o aplicaciones de cocina. En consecuencia, existe un múltiplo del precio del cobre-aluminio por encima del cual se incentiva a los compradores a adoptar el otro dentro de las dos opciones. Los participantes del mercado controlan este múltiplo muy de cerca para comprender los posibles riesgos de determinados contratos de metales.

En algunos casos, los sustitutos de los mercados de la energía resultan obvios; los electrones que se transmiten por una línea eléctrica se pueden sustituir perfectamente. En determinadas circunstancias, las energías renovables, como la solar o la eólica, pueden ser un sustituto casi perfecto de la energía diésel o del carbón.

- *El precio de los complementos.* En algunas ocasiones, la caída del precio de un material aumentará la demanda del otro. Por ejemplo, una disminución del precio del hierro (un insumo importante en la fabricación del acero) puede aumentar la cantidad demandada de acero, pero también aumentar la demanda de todos los demás metales empleados en la aleación de distintos tipos de acero. En este caso, el mineral de hierro es un complemento de los metales de aleación.

- *Tecnología.* Los cambios tecnológicos afectan la demanda de varios modos:
  - A través de una mayor eficiencia de uso, como cuando las innovaciones en la fabricación o el reciclaje de latas de aluminio reducen la demanda de bauxita, el mineral a partir del cual se extrae el aluminio.
  - A través de la eliminación de la demanda completa de un producto básico; por ejemplo, la innovación de las tuberías de policloruro de vinilo (PVC) ha reducido considerablemente la demanda de cobre para las cañerías.

  – Mediante la creación de mercados totalmente nuevos, como aquellos origi-
    nados por la inversión en paneles fotovoltaicos (FV o solares) que requieren
    el uso de metales escasos como el indio, el selenio, el telurio y el galio.

- *Preferencias de los consumidores.* Los cambios de las preferencias de los consumidores modifican en última instancia los mercados finales de productos
  básicos y, en consecuencia, presentan una variedad de posibles efectos, entre
  los que se incluyen el aumento o la disminución de la demanda (tanto a corto
  como a largo plazo) y el efecto en la elasticidad. Las preferencias de los consumidores son específicas del mercado y, en algunos casos, culturales.

  Por ejemplo, en lo que respecta a los diamantes, la mayor parte de la
  demanda del mundo se concentra en los Estados Unidos y Japón, donde las
  preferencias de los consumidores son muy diferentes. En un mercado donde
  un diamante se clasifica en función de cuatro aspectos (color, quilates [peso],
  corte y claridad), el consumidor estadounidense preferirá los quilates (el
  peso) en lugar de los demás aspectos, porque los diamantes se asocian con la
  riqueza y mientras más grandes sean, mejor. Los consumidores japoneses, por
  otra parte, tienden a preferir las características que se podrían interpretar
  como la representación de la pureza (por ejemplo, el color y la claridad) en
  lugar del tamaño.

- *Políticas gubernamentales.* Las políticas, reglamentaciones y demás medidas
  del Gobierno también afectan la demanda. Entre los ejemplos clave se incluyen las políticas exteriores, industriales y comerciales. En el caso de la política
  industrial o de desarrollo, un Gobierno puede invertir en infraestructura que
  genere demanda de acero, cobre, materiales agregados y distintos complementos. Como ejemplo de la política comercial, acumular reservas estratégicas puede generar efectos a corto plazo en la demanda a medida que los
  países acrecientan o venden las reservas. Por ejemplo, las reservas de oro se
  redujeron en gran escala cuando los bancos centrales se alejaron del patrón
  oro. En la actualidad, tanto el ejército de los Estados Unidos como el Gobierno
  japonés conservan existencias de determinados minerales que definen como
  esenciales[8].

Elasticidad de la demanda

La relación entre la demanda y sus principales factores dinamizadores se puede
expresar a partir de la función generalizada de la demanda (a corto plazo) de la
ecuación 2.1, en la que la demanda depende del ingreso (Y), el precio propio
(P^O), el precio de los sustitutos y los complementos (P^S y P^C, respectivamente),
la tecnología, las preferencias de los consumidores (*Cons*) y las políticas gubernamentales (*Gov*) durante el período t.

$$Q_t^D = f\left(Y_t, P_t^O, P_t^S, P_t^C, T_t, \text{Cons}_t, Gov_t\right) \qquad \text{(ecuación 2.1)}$$

La elasticidad de la demanda en función del ingreso es flexible a corto plazo. Asimismo, a corto plazo, se supone que la elasticidad de la demanda en función del ingreso correspondiente a la mayoría de los productos minerales es superior a 1, ya que la demanda se concentra en los sectores de bienes de consumo duraderos, la construcción, el transporte y los equipos de capital, donde la demanda suele responder en gran medida al ciclo comercial.

La demanda presenta una mayor elasticidad en función del precio a largo plazo que a corto plazo. Normalmente se supone que la elasticidad de la demanda en función del precio propio de un metal (así como de los precios de los sustitutos y los complementos) es mayor a largo plazo que a corto plazo. Esto se debe a que, a menudo, lleva un tiempo (varios años o más) que los consumidores de metales y minerales cambien las tecnologías de producción y sustituyan un material por otro (Tilton, 1985). Una gran parte del efecto de un cambio de precio sobre la demanda de metales se produce a muy largo plazo, como resultado indirecto de innovaciones y tecnologías inducidas por los cambios en los precios de los materiales. Por consiguiente, habitualmente se presupone que la elasticidad de la demanda en función del precio propio es inferior a 1 a corto plazo y superior a 1 a largo plazo. La curva de la demanda a corto plazo normalmente presentará un descenso pronunciado (Tilton, 1985), mucho más pronunciado que las curvas de la demanda a largo y muy largo plazo, como se indica en el gráfico 2.5.

Gráfico 2.5 Curvas ilustrativas de la demanda en el plazo inmediato, a corto plazo, largo plazo y muy largo plazo

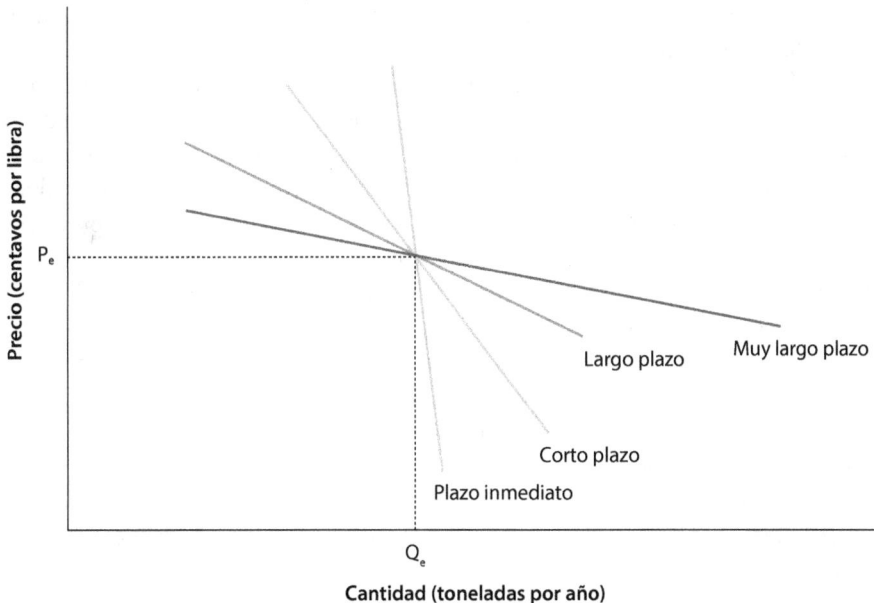

Fuente: Tilton (1985), gentileza de la SME.

Cuando se considera la elasticidad de la demanda correspondiente a los minerales que se usan en bienes fabricados o compuestos, las leyes de Hicks-Marshall ofrecen un marco útil. Estas estipulan que, en general, la elasticidad de la demanda de un producto energético o mineral será elevada (es decir, formalmente $|\varepsilon_D|>1$) cuando i) la elasticidad de la demanda en función del precio propio del producto final sea relativamente alta (es decir, formalmente $|\varepsilon_{prod\,fin}|>1$); ii) cuando el producto se pueda sustituir fácilmente; iii) cuando la elasticidad de la oferta en función del precio propio de otros insumos de producción sea alta (es decir, formalmente $|\varepsilon_{S\,factores\,prod}|>1$), y iv) cuando los productos minerales o energéticos representen un gran porcentaje de los costos finales totales del producto final.

Determinantes de la oferta energética y de minerales

La oferta energética y de minerales se puede subdividir en oferta primaria y secundaria. La naturaleza de la oferta energética y de minerales varía ampliamente entre la *producción primaria* (directamente de yacimientos o reservorios recientemente agotados) y la *producción secundaria* (el reciclaje de bienes de consumo o desechos de fabricación).

La oferta primaria se puede categorizar más detalladamente en oferta de productos principales, coproductos y subproductos. La categoría depende de la importancia del producto energético o mineral para la viabilidad económica del proyecto de extracción. Por ejemplo, los productos principales son tan esenciales para la viabilidad de un proyecto que su precio, de manera independiente, determina la producción del proyecto. Cuando los precios de dos o más productos afectan el nivel de producción, dichos productos se denominan coproductos. Por último, un subproducto prácticamente carece por completo de importancia: su precio o su recuperación no tiene impacto alguno en el nivel de producción de la mina.

La oferta secundaria puede constituir una fuente importante de oferta y (junto con los productos principales, los coproductos y los subproductos) se debe tener en cuenta en toda evaluación de la oferta y la demanda. El mineral de hierro, la bauxita y el carbón habitualmente se elaboran como productos individuales y, por ende, con mayor frecuencia se los considera la oferta de producto principal correspondiente al hierro, el aluminio y el carbón, respectivamente. Sin embargo, dado que el hierro, el acero y el aluminio producidos a partir del mineral de hierro y la bauxita con frecuencia se reciclan a partir de productos de consumo, la producción secundaria puede constituir una gran parte de la oferta total de estos metales. Por otra parte, el cobre, si bien a menudo se lo encuentra con otros metales (como el oro o el cobalto), habitualmente es un producto principal. Como en el caso del hierro y el aluminio, en ocasiones la producción secundaria puede ser un componente importante de la oferta total. El plomo y el zinc, en tanto, con frecuencia son coproductos: se encuentran naturalmente juntos en los yacimientos. Si bien la producción secundaria no resulta importante para el zinc, el reciclaje del plomo proveniente de las baterías de los automóviles es una fuente muy significativa de este último mineral. El oro, la plata, el molibdeno y el telurio son subproductos típicos de la producción del cobre, mientras que el oro y la plata son subproductos de la producción de níquel, plomo y zinc (y en algunas minas, son productos principales).

La distinción entre producción de productos principales, coproductos y subproductos resulta importante, ya que se relaciona directamente con el costo marginal de extraer estos productos. En los casos en que la oferta de productos principales es esencial para las operaciones mineras, de gas y petróleo, esta soporta los costos de todos los gastos variables directos y los gastos fijos vinculados con la extracción. Cuando un metal está presente como coproducto, los costos se comparten con otros coproductos, mientras que cuando se produce como subproducto, la mayoría de los costos de extracción recaen sobre el producto principal. Por ende, la oferta de subproductos tiende a ser la de menor costo. Por ejemplo, al considerar un metal, como el oro, que se puede producir como cualquiera de los tres tipos de productos, resulta probable que la oferta de productos principales cueste más que la oferta de coproductos, y que la oferta de subproductos (por ejemplo, la producción de oro relacionada con la de cobre) sea la opción de menor costo.

También es importante distinguir entre la oferta a corto y a largo plazo, ya que la oferta es sumamente inelástica en el corto plazo. Esto se debe a que en él, la mayoría de las operaciones de IE se enfrentan a una limitación de capacidad. Independientemente de lo que suceda con los precios, la capacidad queda fija en su nivel instalado. Las empresas pueden cambiar la producción por medio de un uso más eficiente de la capacidad; no obstante, dados los elevados costos fijos relacionados con el sector de las IE, resulta óptimo que las operaciones de extracción funcionen permanentemente todo el año, lo que deja poco espacio para un aumento de la capacidad. Como resultado, a corto plazo, la oferta es sumamente inelástica.

La inestabilidad de los precios en el mercado de los metales es por sobre todo una consecuencia de la elevada elasticidad de la demanda en función del ingreso, combinada con la baja elasticidad de la oferta en función del precio. Dada la baja elasticidad de la oferta, un pequeño cambio de la demanda puede suponer un marcado aumento del precio (ya que la oferta no cuenta con la capacidad para ajustarse). A raíz de los prolongados tiempos de espera para poner en práctica una nueva producción, los aumentos de precios pueden ser considerables y generar ciclos de "auge y caída", a menudo relacionados con los mercados de productos básicos.

A largo plazo, se pueden desarrollar nuevas minas y se pueden generar o ampliar nuevas plantas de procesamiento con la aplicación de capital. Como resultado, la oferta es considerablemente más elástica a largo plazo que a corto plazo o en el futuro inmediato.

A muy largo plazo, no existen limitaciones con respecto a los yacimientos conocidos o los establecimientos de producción: las empresas tienen tiempo para aplicar capital y buscar nuevos yacimientos. El agotamiento de los tipos existentes de nuevos yacimientos puede permitir la extracción de recursos nuevos y de mayor costo que se encuentran a una mayor profundidad o requieren un rendimiento del capital superior y ajustado según el riesgo. En consecuencia, a muy largo plazo la curva de la oferta se vuelve horizontal y efectivamente no existen limitaciones para la oferta.

En ocasiones, los niveles elevados de precios pueden aumentar la elasticidad de la oferta, ya que diferentes tipos de yacimientos se tornan viables. Por ejemplo, los grandes yacimientos de cobre de baja ley son relativamente abundantes y se han encontrado con frecuencia durante los últimos 70 años. Un estudio reciente, llevado a cabo por el Servicio Geológico de los Estados Unidos (Zientek y otros, 2014), ha determinado que Zambia contiene aproximadamente la misma cantidad de cobre sin descubrir que el descubierto, pero el nuevo cobre es de baja ley (por ejemplo, yacimientos de pórfidos) o se encuentra en las profundidades. Conforme aumenta el precio del cobre y mejora la tecnología, estos tipos de yacimientos se tornan viables. En otro ejemplo, se puede encontrar oro disuelto en los océanos del mundo en grandes cantidades, pero en bajas concentraciones. En un umbral de precio, la extracción de este oro se volverá económicamente viable.

El posicionamiento relativo de las curvas de la oferta en el gráfico 2.6 tiene como base las distintas suposiciones respecto de la influencia de los costos de producción en la oferta. Por ejemplo, debido la naturaleza fija de la producción tanto en el plazo inmediato como a corto plazo, existen probabilidades de que estos costos sean similares (Tilton, 1985). La oferta inmediata se relaciona con el

Gráfico 2.6 Curvas ilustrativas de la oferta en el plazo inmediato, a corto plazo, largo plazo y muy largo plazo

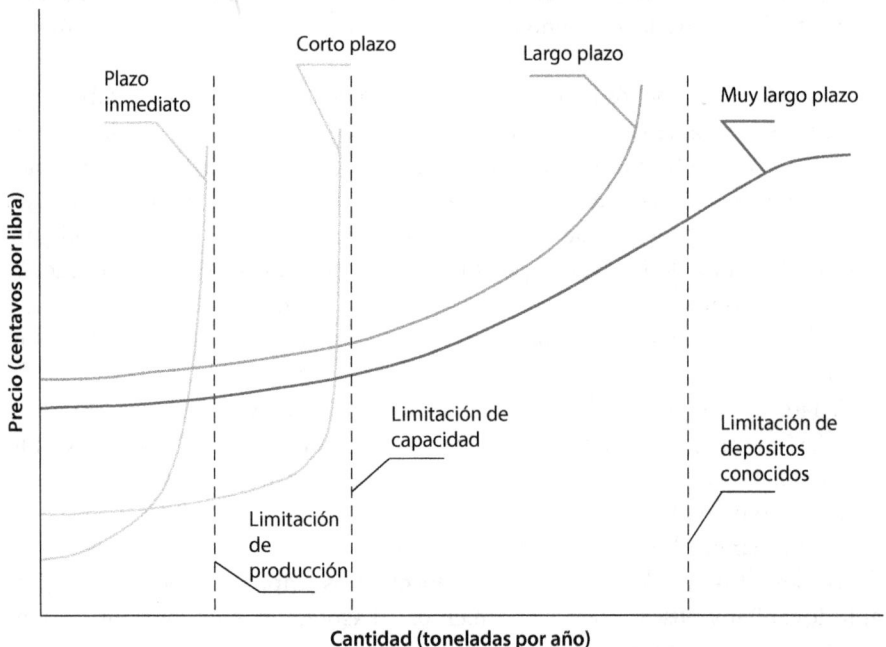

Fuente: Tilton (1985), gentileza de la SME.

inventario y no con la nueva producción; como resultado, los costos son ligeramente inferiores. A largo plazo, supuestamente los yacimientos nuevos y de mayor costo se pondrán a producir y, de este modo, se presupone que los costos aumentarán (ya que los yacimientos de menor costo existentes ya habrán sido explotados). La curva a corto plazo se encuentra por debajo de las curvas a largo plazo porque únicamente incluye los costos a corto plazo y no contempla los costos fijos vinculados con el capital. La curva a largo plazo se sitúa por encima de la curva a muy largo plazo ya que a muy largo plazo el descubrimiento de yacimientos de bajo costo y el desarrollo de nuevos tipos de yacimientos debería reducir los costos y, a su vez, el precio requerido para incentivar cualquier nivel de oferta.

Al igual que ocurre con la demanda, hay muchas variables que afectan la oferta a corto y largo plazo, y lo hacen de un modo distinto según el producto básico. El siguiente análisis examina seis factores clave (para obtener detalles, véase Tilton [1985]):

- *Precio propio.* Las empresas que buscan maximizar sus utilidades aumentarán la producción hasta que los costos marginales igualen a los ingresos marginales. Como se analizó anteriormente, el límite de capacidad a corto plazo circunscribe la expansión de la oferta; no obstante, a largo plazo, las empresas tienen una gran aptitud para responder ante las señales de precios. No solo los patrones de producción se asemejan bastante (pero con un desfase) a los precios de la mayoría de los productos básicos, sino que la actividad de exploración (un intermediario de la oferta a largo plazo) también responde a los precios (como se indica en el gráfico 2.7).

- *Costos de los insumos.* Debido a que los costos de insumos clave (como la mano de obra y la energía) afectan directamente el costo total de producción, estos pueden generar un impacto sustancial en la oferta. A corto plazo, a raíz de una baja elasticidad de sustitución entre los factores de producción, un aumento del precio de uno de los factores de producción (como la mano de obra) a menudo se traducirá directamente en un cambio inmediato de la curva de la oferta del productor. A largo plazo, las empresas pueden ajustar las tecnologías y diseñar la combinación óptima de distintos factores, de acuerdo con los precios actuales y los precios futuros proyectados de dichos factores.

- *Tecnología.* Los avances en materia de tecnología pueden generar un efecto de amplio espectro en la oferta de minerales y energía. En algunos casos, el efecto puede ser marcado y ofrecer recursos significativos que anteriormente no resultaban económicos. Cabe mencionar el desarrollo de tecnología de extracción de solventes y electrodeposición para el procesamiento de pórfidos de cobre de baja ley, primero en los Estados Unidos y posteriormente en Chile (donde su uso es ahora generalizado).

- *Conflictos laborales y otras perturbaciones.* Las controversias laborales y otras perturbaciones (políticas, técnicas, etc.) pueden generar un efecto marcado en

Gráfico 2.7 Gastos de exploración de oro en todo el mundo frente a precios del oro, 1975-2012

Gastos de exploración (junio de 2012 en   Precio del oro (junio de 2012, dólares
millones de dólares estadounidenses)   estadounidenses por onza)

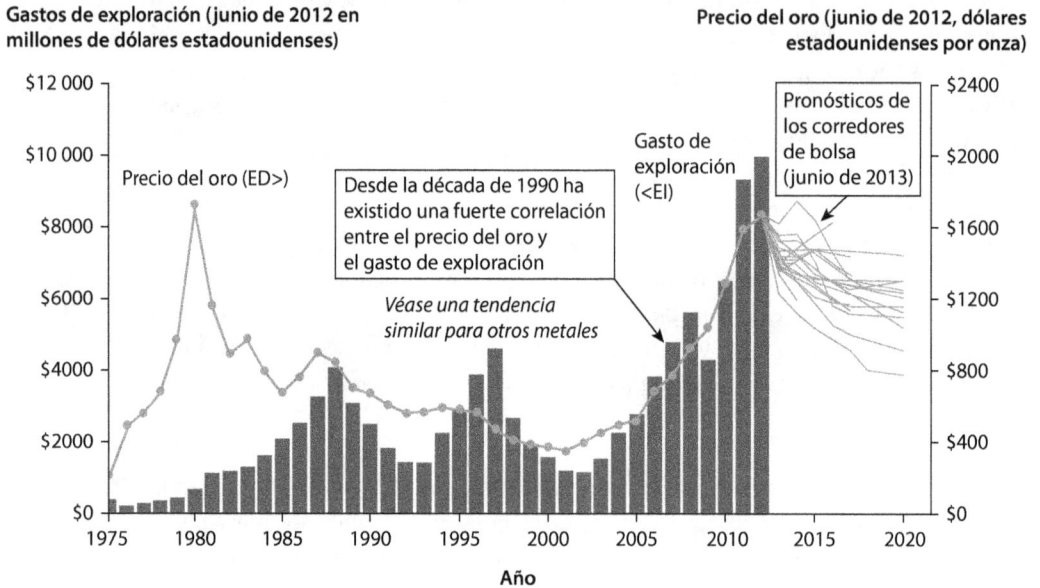

Fuente: Cálculos de MinEx Consulting Pty Ltd. (2013).
Nota: eje derecho: precio del oro; eje izquierdo: gastos de exploración.

la oferta de minerales. Las prolongadas controversias laborales en las minas de producción de platino de Sudáfrica (desde 2012 hasta la fecha) son un ejemplo de ello. Para evitar perturbaciones a largo plazo, algunos productores han considerado sustituir la mano de obra por capital en forma de equipo mecánico especializado. En 2014, las perturbaciones de la oferta en las minas de cobre superaron los niveles de 2013 y 2012. La reducción de las tasas operativas en Indonesia y la expansión más lenta que lo previsto de muchas otras operaciones contribuyeron a que se registraran pérdidas no pronosticadas e inestabilidad en los pozos de Bingham Canyon en los Estados Unidos. Las perturbaciones totales no planificadas de operaciones mineras estuvieron relacionadas con reducciones de producción de 673 000 toneladas en 2014 (lo que equivale aproximadamente al 75 % de toda la producción de cobre de Zambia) y fueron el resultado de una variedad de problemas, desde prohibiciones de exportación (Grasberg, Indonesia; 150 000 toneladas) y demoras en la obtención de energía (Toromocho, Perú; 90 000 toneladas) hasta problemas técnicos, tales como derrumbes rocosos y hundimientos (Mount Lyell, Tasmania; 24 000 toneladas, y Birla Nifty, Australia; 26 000 toneladas) (cuadro 2.3).

- *Actividades gubernamentales.* Las políticas y las reglamentaciones pueden tener un impacto considerable en los costos de producción y en el desarrollo de la nueva oferta. Entre los ejemplos de factores de influencia se incluyen cambios frecuentes de políticas clave, tales como aquellas que rigen los impuestos; la incertidumbre respecto de intenciones normativas anunciadas que aún no

Cuadro 2.3 Perturbaciones seleccionadas de la oferta de cobre en 2014

en miles de toneladas

Operación	Pérdida de la mina	Pérdida de la fundición	Notas
Mt. Lyell	24		Derrumbes de roca
Toromocho	90		Demoras para la obtención de suministro de energía, inquietudes respecto del vertido de aguas, "problemas relacionados con los equipos"
Caserones	75		Problemas de construcción, huelga
Grasberg	150		Prohibición de la exportación de minerales, accidente
Batu Hijau	18		Prohibición de la exportación de minerales
MCK	18	16	Mina: paros laborales, leyes bajas, inundación Fundición: inconvenientes para realizar las mezclas, "problemas comerciales"
RDC	50		Racionamiento energético, estabilidad energética
Oyu Tolgoi	25		Problemas técnicos, falla en el rastrillo del espesante de residuos
Nifty	26		Hundimiento
Ventanas		24	Cierre de 23 días para realizar reparaciones relacionadas con el medio ambiente
Los Bronces	3		Huelga de contratistas
Antapaccay	1		Reparaciones realizadas luego de los daños producidos por un tifón el año pasado
Pasar		55	Principalmente un colapso parcial de la cinta transportadora de Lumwana
Distintas operaciones de Barrick	27		Problemas iniciales de puesta en marcha
Ministro Hales	10		Demoras ulteriores en la puesta en marcha
Jabal Sayid	55		Intersección de fallas geológicas
El Soldado	14		Se informaron minerales de baja ley
Mantos Blancos, Mantoverde	3	3	Incendio en torre de enfriamiento
LS-Nikko n.º 1		2	Explosión en alto horno
LS-Nikko n.º 2		18	Fallas en el generador de oxígeno
Gansu		120	Leyes bajas
Distintas operaciones en Antofagasta	14		Falla en molino de bolas
Pinto Valley			Huelga
Radomiro Tomic	48	48	Derrame tóxico
Mt. Polley	7.5		Escasez de chatarra
GuelbMoghrein	5		Huelga
Buenavista			Secuencia, accidente
Distintas operaciones		40	
Escondida	7		
Chelopech, Kapan	2		
Total de pérdidas	673	326	

Fuente: Metal Bulletin Research (Westgate, 2014).
Nota: RDC = República Democrática del Congo; MCK = Minas de cobre de Konkola.

se han formulado como leyes y reglamentaciones; las prohibiciones de las exportaciones de minerales, y la nacionalización o el reemplazo de personal extranjero por personal nacional de las empresas petroleras y mineras.

Estas acciones afectan la oferta i) al establecer límites físicos y directos sobre la cantidad de oferta disponible para los mercados internacionales (es decir, a través de restricciones en las exportaciones, tales como cuotas o aranceles); ii) al limitar los incentivos para la nueva oferta (a través de límites de precios); iii) al desalentar la inversión en nuevas capacidades de producción (a través de cambios frecuentes de políticas o anuncios de políticas poco claras), y iv) posiblemente, al limitar la productividad y la inversión en el sector (a través del control estatal directo de las operaciones).

Por otra parte, los incentivos en materia de políticas, tales como la disposición de garantías estatales y treguas tributarias, apuntan a estimular la nueva oferta. En los países más desarrollados, estos incentivos se circunscriben a determinados minerales esenciales o estratégicos. Muy a menudo se relacionan con la energía, pero también pueden incluir minerales poco comunes que son esenciales por motivos de seguridad o para industrias nacionales. Los Gobiernos deben evaluar cuidadosamente los incentivos fiscales antes de ofrecerlos. (Los autores no promueven el uso de incentivos, que han generado resultados dispares, tanto para los países como para las empresas. En cambio, los autores simplemente pretenden señalar que los incentivos pueden formar parte de la función de la oferta, mediante el traslado del costo de la oferta).

- *Estructura del mercado.* Por último, la estructura del mercado puede ejercer una influencia considerable en la oferta, especialmente en los lugares donde existen carteles u oligopolios (como los mercados de petróleo y de potasa).

Elasticidad de la oferta

La relación entre la oferta y sus factores dinamizadores más importantes se puede expresar a través de la función generalizada de la ecuación 2.2. En esta, la cantidad demandada depende del precio propio (P^O); los costos (C_t), que se pueden desglosar en salarios, energía y servicios de capital; la tecnología (T_t); las características de los recursos naturales en cualquier momento dado (R_t), y las políticas gubernamentales (Gov) durante el período t.

$$Q_t^S = f\left(P_t^O, C_t, T_t, R_t, Gov_t\right) \qquad \text{(ecuación 2.2)}$$

La función de la oferta se simplifica; no incluye las perturbaciones laborales ni de ningún otro tipo, así como tampoco incluye valores desfasados correspondientes a precios o costos. Es una función de la oferta a corto plazo.

La elasticidad de la oferta en función del precio propio es generalmente mayor a largo plazo que a corto plazo, pero esto solo sucede cuando la producción a corto plazo se acerca a la capacidad (Tilton, 1985). Cuando la capacidad no se utiliza a pleno, la oferta puede responder ante cambios de los precios, incluso a corto plazo.

Tecnología de producción y oferta a largo plazo

Las industrias extractivas raras veces se corresponden con la función de producción Cobb-Douglas. Vale la pena abordar el importante tema de la tecnología de producción. Los economistas tienden a aplicar la función Cobb-Douglas o la función de elasticidad de sustitución constante (CES), pero pocas veces estas funciones reflejan la realidad industrial a corto plazo. Si una mina funciona a toda su capacidad, un aumento de la mano de obra no necesariamente incrementará el volumen de material elaborado. Los emprendimientos mineros, de gas y de petróleo requieren insumos en proporciones fijas a corto plazo. Un camión necesita un solo conductor, no dos. Un segundo conductor no hace que el camión sea doblemente productivo. De manera similar, más camiones no aumentan la capacidad de una planta de tratamiento. Por consiguiente, a corto plazo, la mayoría de los insumos de las IE tienen una proporción fija con respecto a los demás.

La tecnología de producción a corto plazo en el contexto de las IE se describe más precisamente a través de la tecnología de producción de Leontief que mediante las tecnologías de las funciones Cobb-Douglas o CES. Esta es una conclusión importante: reconoce los límites considerables en la medida en que los factores de producción pueden sustituirse unos por otros y, lo que tal vez es más importante, que el costo marginal también será el costo promedio. Es importante porque otorga peso a las curvas de costo en efectivo del sector (como en los gráficos 2.1 y 2.2), donde lo que la terminología de C1, C2 y C3 probablemente refleje mejor no sean los costos C# marginales ($\forall \# \in \{1,2,3\}$), sino los costos C# promedio durante un período determinado.

Al igual que ocurre con la elasticidad de la oferta y la demanda en función del precio, la elasticidad de sustitución de los factores de producción es notablemente mayor a largo plazo. Por lo tanto, a largo plazo, las funciones CES, Cobb-Douglas u otras funciones anidadas conforman una base adecuada para los modelos (véase Miller [2000] para más información sobre cómo integrar el razonamiento a largo plazo con las realidades a corto plazo).

Notas

1. Cabe señalar que no en todos los casos el aumento de la ley conduce a la esterilización. En algunos casos el aumento de la ley puede simplemente conducir a un aplazamiento de la producción del recurso bajo. Esto resulta más probable en minas a cielo abierto o en la reelaboración de residuos antiguos, ya que algunas de las condiciones de seguridad y acceso, si bien siguen siendo potencialmente considerables, tienden a ser más sencillas que en las minas subterráneas.

2. Las piedras preciosas constituyen una excepción al modelo de productos básicos perfectos. Por ejemplo, un quilate de diamantes no se puede reemplazar por otro. Existen aproximadamente 12 000 categorías que se emplean para valorar la producción de diamantes en bruto.

3. Si las rentas de Hotelling se deben incluir en la valoración es objeto de debate, dado que estas rentas representan un costo de oportunidad real de la producción actual. Sin embargo, aspectos prácticos hacen que las rentas de Hotelling se incluyan en la

mayoría de las valoraciones de la riqueza del subsuelo, ya que separarlas de las rentas ricardianas y de las cuasirrentas puede resultar difícil.

4. Véase Nordhaus y Kokkelenberg (1999) para conocer el fundamento sobre el que se basa este análisis.

5. http://web.cim.org/standards/documents/Block487_Doc69.pdf.

6. http://www.samcode.co.za/.

7. El agotamiento de los recursos naturales fijos puede definirse como geológico o económico. El presente análisis supone un agotamiento económico.

8. Ejército de los EE. UU.: Ga, Li, Nb, elementos poco comunes, Re, Ta (Parthemore, 2011); Japón: Co, Cr, Mn, Mo, Ni, W, V (Eggert, 2011).

CAPÍTULO 3

Marco institucional

Mandatos y coordinación

El marco institucional para las actividades extractivas debe tener como base leyes constitucionales claras y otros mandatos jurídicos para el Poder Legislativo y el Poder Ejecutivo. El marco también debe determinar claramente la distribución de las responsabilidades entre todos los niveles del Gobierno, además de proporcionar un mecanismo de controles y contrapesos respecto de los niveles de discrecionalidad que tendrá cada una de las entidades gubernamentales:

- *Los órganos legislativos*, como parte de su mandato de formulación de leyes, son responsables de revisar los proyectos de ley y sancionar leyes para el sector de las IE. Por medio de su función de supervisión, los órganos legislativos tienen el mandato de garantizar la rendición de cuentas de las actividades gubernamentales y la transparencia de la asignación de fondos.
- *El Poder Ejecutivo*, que normalmente incluye la presidencia y el gabinete ejecutivo, a menudo toma las decisiones finales respecto de temas esenciales, tales como el otorgamiento de licencias, la participación estatal y la creación de fondos de ahorro y estabilización de las IE.

La formulación y la implementación de políticas para el sector de las IE y otros sectores afines es una tarea sumamente compleja (véase el cuadro 5.2 sobre los componentes de un programa para el sector de las IE) en la que intervienen una cantidad de ministerios y organismos gubernamentales. Estas unidades a su vez necesitan interactuar con empresas, la sociedad civil y demás actores del sector. Lo anterior requiere la coordinación entre ministerios, así como también una capacidad especializada en materia de recursos humanos dentro del Gobierno.

La coordinación interministerial resulta clave para evitar la superposición o el conflicto de funciones y para que no se produzcan brechas en la responsabilidad de regulación. Entre muchos de los posibles ejemplos de coordinación insuficiente, no resulta poco frecuente encontrar que un ministerio u organismo promueve la inversión en el sector de las IE, incluso mientras que otros degradan el entorno empresarial mediante la creación de barreras tales como demoras en la emisión de visas y permisos de trabajo y en el despacho aduanero de bienes y equipos. En el recuadro 3.1 se resalta el caso de Ghana, en el que, según se informa, la coordinación insuficiente ha afectado la recaudación de ingresos provenientes de los recursos y la gestión operativa del sector de las IE.

Lo que resta de este capítulo se apoya en la experiencia internacional para describir una estructura institucional típica para la gestión del sector de las IE, incluida la posible división de funciones y responsabilidades entre ministerios y departamentos. Este es un modelo general que se deberá adaptar a las circunstancias locales. El tipo de estructura institucional que un país elija para gestionar las dificultades propias de la extracción de recursos naturales dependerá en gran

---

Recuadro 3.1 La coordinación institucional insuficiente y su impacto: El caso de Ghana

Un informe reciente realizado por el Comité de Interés Público y Rendición de Cuentas (PIAC) de Ghana, un organismo de derecho público que tiene a cargo la supervisión y la evaluación del cumplimiento de la Ley del Petróleo por parte del Gobierno, resalta algunos de los inconvenientes en la gestión de los contratos petroleros, que surgen a partir de la falta de cooperación institucional:

• *Proyecciones de ingresos excesivamente optimistas.* Según el informe, el Ministerio de Hacienda y Planificación Económica, que se encontraba a cargo de la metodología de previsión de los ingresos petroleros, no tuvo suficientemente en cuenta el asesoramiento de la Autoridad Fiscal de Ghana con respecto a la posición impositiva de las empresas involucradas. Como resultado, los ingresos petroleros reales fueron casi un 50 % inferiores con respecto a la previsión presupuestaria.

• *Contabilización fragmentada de los flujos de ingresos.* Todos los ingresos recaudados provenientes del petróleo se canalizan legalmente a través del Fondo Petrolero de Participación de Ghana, que permite la supervisión y la generación de informes consolidados. Pero los cánones de arrendamiento de superficie se depositan en una cuenta no fiscal independiente, lo que puede haber tenido como consecuencia cierta deficiencia de recaudación.

• *Capacidad insuficiente y falta de previsión presupuestaria para organismos.* Algunos de los organismos que deben realizar el seguimiento y exigir la aplicación de los contratos petroleros, además de gestionar los ingresos del petróleo, según lo exige la ley, no están dotados del personal suficiente y el presupuesto no les brinda los recursos adecuados. Una cantidad insuficiente de personal y recursos para llevar a cabo la auditoría técnica de las operaciones constituye una debilidad específica y un factor clave detrás de la aplicación inadecuada de los compromisos operativos correspondientes a las empresas que participan en la exploración y la producción de petróleo crudo en Ghana.

Fuente: Adaptado de Comité de Interés Público y Rendición de Cuentas de Ghana (2012).

---

medida de las circunstancias políticas, históricas y geológicas de dicho país, así como también del tipo de recurso en cuestión.

Función del ministerio del sector

El ministerio de recursos (petróleo, gas o minería) es responsable de la gestión general del sector de las IE, lo que incluye el establecimiento de políticas de recursos, la elaboración de leyes y reglamentaciones y la supervisión de los organismos del sector de las IE. A continuación se mencionan los componentes funcionales típicos de un ministerio del sector de las IE:

- *Una unidad responsable de la gestión de la exploración y los derechos de extracción*, que recibe las solicitudes de licencias y administra los derechos de exploración y extracción, que hace cumplir las condiciones de las licencias y lleva un registro actualizado de las licencias de exploración y producción (en el caso de la minería, un catastro minero actualizado cumple con esta función de registro).
- *Un organismo de inspección* que regula el sector y supervisa las operaciones. Sus responsabilidades normalmente incluyen el desarrollo de especificaciones y normas técnicas, la medición y el seguimiento de la producción, la supervisión técnica de las operaciones y la garantía del cumplimiento de las condiciones de las licencias, las leyes y las reglamentaciones relevantes. También supervisa el cumplimiento de las normas de salud y seguridad ocupacional. El seguimiento de las normas ambientales también podría recaer en el organismo de inspección o bien podría realizarlo el Ministerio de Medio Ambiente.
- *Un servicio geológico* que desarrolla y mantiene información confiable sobre la infraestructura geocientífica nacional, incluidos mapas geológicos y bases de datos relacionadas. Este servicio también proporciona conocimiento geológico básico para la industria de las IE y los factores relevantes, tales como la gestión de los recursos hídricos, la gestión ambiental, el uso de la tierra, la gestión de los riesgos geológicos y las obras de infraestructura.
- *Una unidad de economía de los minerales* que proporciona análisis de los temas económicos en el sector de las IE. Esta unidad también debe analizar la economía de las empresas mineras y de hidrocarburos del sector. También puede combinarse con la unidad de desarrollo o promoción de la minería para fomentar el sector en eventos nacionales e internacionales.
- *Una unidad de promoción* que promueve el sector entre posibles inversionistas nacionales y extranjeros. Esta podría combinarse con la unidad de economía de los minerales.
- *Una unidad de minería artesanal y a pequeña escala* que aborda temas específicos de la minería a pequeña escala en países que cuentan con un importante sector minero artesanal.
- *Una unidad de salud y seguridad* que establece y exige el cumplimiento de las directrices sobre salud y seguridad del sector.

- Puede existir una unidad para supervisar el desempeño y la gestión de una empresa estatal.
- Puede existir una *unidad de políticas* responsable de la elaboración y la revisión de políticas y leyes.

En la práctica, estas funciones principales se dividirán aún más y se complementarán con otras funciones relevantes, de acuerdo con el contexto. En el gráfico 3.1 se proporciona un ejemplo de una estructura de gobierno del sector

Gráfico 3.1 Modelo propuesto para la organización del Ministerio de Minas de Afganistán

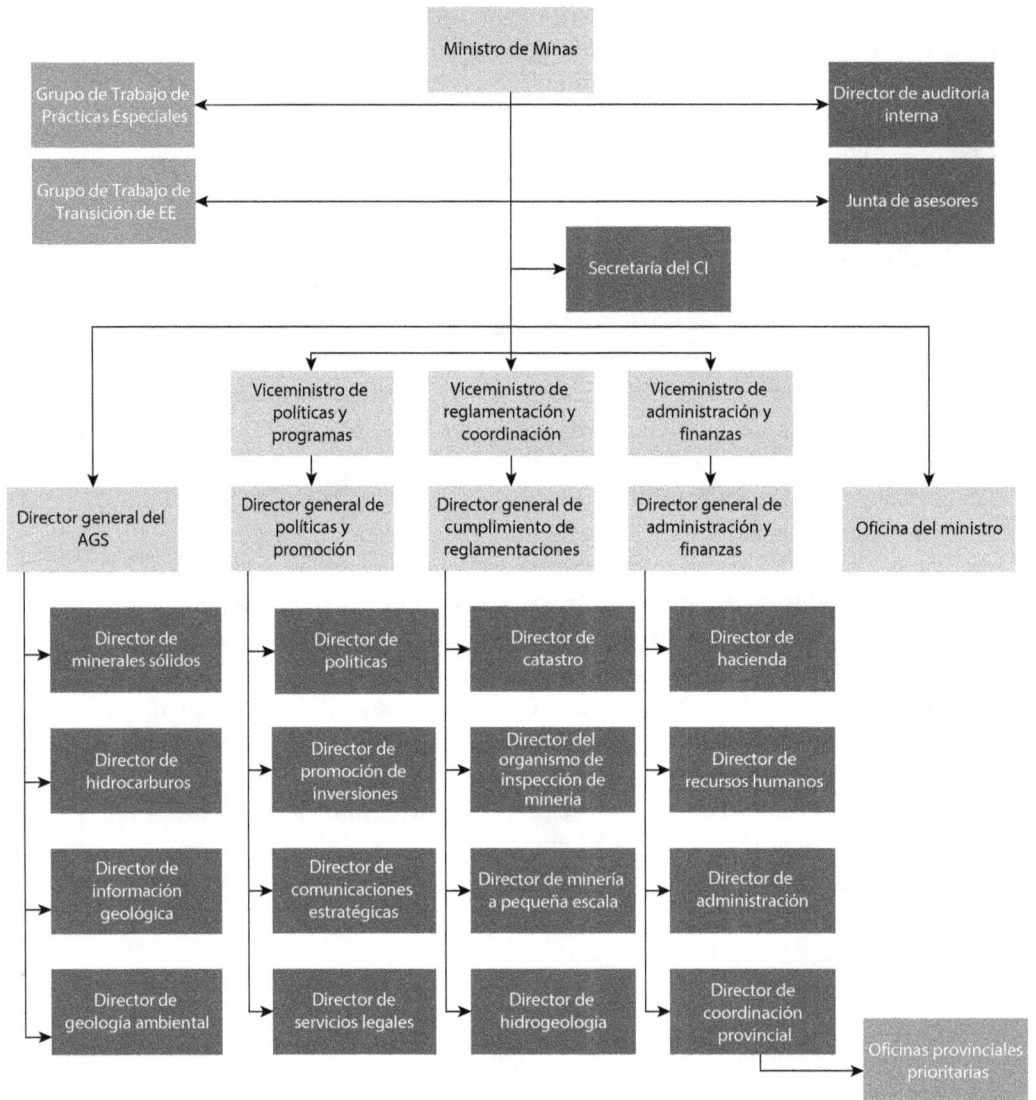

Fuente: Ministerio de Minas y Petróleo, Gobierno de Afganistán (2010).
Nota: AGS = Servicio Geológico de Afganistán; CI = Comité interministerial; EE = empresa estatal.

de las IE: un modelo organizativo propuesto para el Ministerio de Minas de Afganistán, elaborado con el apoyo de la Unidad de Petróleo, Gas y Minería del Banco Mundial.

Funciones del Ministerio de Hacienda y de los organismos de recaudación de ingresos

Las funciones primordiales para la implementación de políticas financieras y económicas públicas corresponden al Ministerio de Hacienda (o a un ministerio equivalente) y a los organismos de recaudación de ingresos. Entre estas funciones se incluyen varias que resultan fundamentales para la gestión del sector de las IE: i) política de ingresos provenientes de los recursos (a través del diseño de regímenes fiscales), ii) previsión y recaudación de ingresos provenientes de los recursos, iii) gestión de asignaciones presupuestarias para actividades del sector de las IE y iv) gestión de los pasivos que puedan surgir del sector de las IE.

Al diseñar el régimen fiscal de las IE, el Ministerio de Hacienda requiere de las aportaciones del ministerio del sector, a fin de garantizar que la política fomente la recaudación de ingresos pero no afecte negativamente el clima para la inversión del sector más amplio de las IE. Como se destaca en el capítulo 5, en la sección sobre los regímenes fiscales de las IE, estos regímenes pueden adoptar varias formas, que tendrán diversas implicancias para la recaudación de ingresos y también para la promoción de la exploración y la extracción. Las aportaciones técnicas provenientes del ministerio del sector con respecto al contexto internacional de inversiones extractivas son decisivas a la hora de diseñar instrumentos fiscales y adoptar decisiones sobre las tasas impositivas adecuadas.

El Ministerio de Hacienda y la autoridad recaudadora de impuestos a menudo tienen la responsabilidad primaria de exigir el cumplimiento de las condiciones fiscales de las IE y recaudar ingresos fiscales y no fiscales provenientes de los recursos, pero con aportaciones significativas del ministerio del sector. Los ingresos provenientes de los recursos constituyen una función con muchas variables: la cantidad y la calidad del recurso, el precio del recurso y los costos de producción estimados. Evaluar dichas variables requiere experiencia técnica en las IE, a fin de llevar a cabo auditorías físicas que evalúen la cantidad y la calidad del recurso, una comprensión del mercado internacional de recursos, con la finalidad de determinar el precio adecuado del recurso, en particular cuando los productos básicos no se comercializan en bolsas de valores, y el conocimiento de las actividades operativas y de producción de una mina, para determinar los riesgos y los costos de producción. El Ministerio de Hacienda puede no encontrarse en la posición más adecuada para contar con la experiencia técnica necesaria; por lo tanto, es importante que exista una cooperación sólida y permanente con el ministerio técnico a cargo del petróleo o la minería y una delineación clara de las funciones y las responsabilidades.

La recaudación eficiente de impuestos y regalías del sector de las IE requiere de personal con calificaciones suficientes y relevantes, pero estos recursos humanos esenciales a menudo no están a disposición en muchos países desarrollados con una gran cantidad de recursos. Se necesita personal técnico altamente calificado para que el Gobierno se encuentre en igualdad de condiciones respecto de las empresas multinacionales y los grandes inversionistas, y para garantizar ingresos adecuados para el Gobierno y la gestión exitosa del sector de las IE en general. Dada la gran porción de ingresos provenientes del sector de las IE en muchos estados con abundantes recursos, y las dificultades vinculadas con la gestión de los ingresos de las IE, se debe conceder tiempo a este sector para que se dote de personal en la misma proporción en que contribuye a los ingresos públicos. En algunos países, este acuerdo se logra mediante la participación de las autoridades tributarias del sector de las IE en una unidad de grandes contribuyentes dentro de la autoridad tributaria; otros cuentan con una unidad tributaria especializada del sector de las IE. Independientemente de su forma institucional, el ministerio o el organismo que tenga la tarea de la recaudación de ingresos debe contar con personal altamente calificado y con gran experiencia para implementar la gestión de ingresos de las IE con eficiencia y para poder retener al personal ante la oferta de salarios elevados por parte del sector privado.

Otra función clave para el Ministerio de Hacienda u otro organismo designado dentro del Gobierno consiste en la previsión de los ingresos provenientes de los recursos que se incluirán en las proyecciones presupuestarias a mediano plazo. La previsión de los ingresos provenientes de los recursos a menudo resulta problemática dada la inestabilidad de los precios internacionales de los productos básicos y la dificultad para calcular la posible producción de las empresas del sector de las IE que operan en el país. Realizar un seguimiento de estas variables clave de precio y producción exige contar con conocimientos especializados sobre la dinámica de los mercados internacionales de productos básicos (y en este caso, también con las aportaciones del ministerio del sector). Los planes de producción son primordiales para brindar cálculos de producción "de abajo hacia arriba", deben ser presentados por las empresas ante el ministerio del sector para que este los supervise y, a su vez, deben compartirse con el organismo responsable de elaborar las previsiones de ingresos. Los planes de producción "de abajo hacia arriba" deben corroborarse y fiscalizarse a través de auditorías físicas, realizadas bajo la supervisión del ministerio del sector. Otras responsabilidades relevantes con las que debe cumplir el Ministerio de Hacienda son las siguientes:

- Asignar los recursos necesarios, a lo largo de todo el proceso presupuestario, a otros ministerios y organismos, para apoyar la gestión eficiente y eficaz del sector de las IE.
- En los países donde los ingresos se comparten a nivel subnacional, garantizar que los ingresos provenientes de los recursos se compartan con los gobiernos subnacionales de conformidad con el marco legislado (o regulado) de participación en los ingresos. Los lectores que estén interesados en la participación subnacional en los ingresos pueden consultar Anderson (2012), McLure (2003), Ahmad y Mottu (2003), y Brosio (2003).

- Participar en la formulación de políticas de recursos y directrices administrativas, en especial con respecto a la recaudación y la administración de los ingresos, el diseño de las reglas fiscales y la gestión de los ingresos provenientes de los recursos (lo que incluye la creación y la gestión de fondos soberanos de riqueza).
- Participar en iniciativas de transparencia en todo el Gobierno, para garantizar la transparencia de los contratos de recursos y los ingresos provenientes de los recursos (en los países que aplican la Iniciativa para la Transparencia de las Industrias Extractivas, esto se puede lograr mediante la participación activa en el grupo de múltiples partes interesadas de esta iniciativa).
- Supervisar la acumulación de los pasivos que surgen de la producción y la exploración extractivas, incluso los provenientes de costos de mantenimiento relacionados con la infraestructura pública local construida por las empresas mineras, los costos de los daños ambientales y los costos de reubicar a las comunidades desplazadas.

Función de la empresa nacional de recursos

Los lectores interesados pueden consultar "State Participation in the Natural Resource Sector" *de McPherson en Daniel, Keen y McPherson (2010),* The Taxation of Petroleum and Minerals, Principles, Problems, and Practice, *una publicación que brinda un excelente análisis de temas relevantes, y en la que se apoya esta sección.*

Las empresas nacionales de recursos (ENR) tienen una función preponderante en la gestión del sector de las IE. En el sector petrolero, las empresas petroleras nacionales controlan el 90 % de las reservas de petróleo del mundo y representan más del 70 % de la producción (BP Statistical Review, 2008). En el sector de la minería, las empresas mineras nacionales en muchos casos han sido sustituidas por empresas estatales a través de la participación accionaria, ya sea mediante la participación en el capital pagado o la participación diferida en los beneficios.

El establecimiento de las ENR ha sido motivado por una variedad de objetivos comerciales y no comerciales. El objetivo principal que se cita a menudo es la generación de ingresos adicionales para el Estado, a través de dividendos e impuestos que surgen de las utilidades comerciales. Frecuentemente también se ha pedido a las ENR que cumplieran una amplia variedad de objetivos no comerciales nacionales, económicos, sociales y políticos, tales como la creación de puestos de trabajo y el suministro de infraestructura social y física. Las actividades no comerciales, cuasifiscales y frecuentemente no incluidas en el presupuesto de muchas de las ENR han imposibilitado a menudo el desarrollo de una política macroeconómica y una gestión presupuestaria eficientes (Cameron y Stanley, 2012). La complejidad que surge de estos objetivos contradictorios (muchos de los cuales no son mensurables, o medidos) también ha contribuido a una falta de transparencia en muchas ENR.

En cuanto a los objetivos comerciales, y en el sector de la minería en particular, las ENR conllevan un nivel de riesgo que no necesariamente se ve compensado por los beneficios, en especial en comparación con un régimen fiscal

bien diseñado y administrado de manera eficiente. El financiamiento gubernamental de las ENR que generan pérdidas puede desviar fondos de otras prioridades y poner así en peligro los objetivos de desarrollo en las esferas de
educación, salud y vivienda, entre otras. Las simulaciones de regímenes fiscales
sugieren que los ingresos obtenidos por dividendos son pequeños cuando se
aplican sistemas fiscales modernos y eficaces (McPherson, 2010: cuadro 3).

Además, para conseguir sus objetivos comerciales, las ENR a menudo
asumen tanto responsabilidades comerciales como de regulación, lo que genera
conflictos de interés que se pueden asociar con resultados comerciales
deficientes. Dichos conflictos de interés incluyen la participación de manera
simultánea como socio de un inversionista privado y como regulador del mismo
inversionista (o incluso como autorregulador de las propias operaciones
comerciales). La experiencia internacional demuestra que las ENR más exitosas
tienden a ser aquellas cuyas funciones de regulación y no comerciales son asu-
midas por el Gobierno, que tienen objetivos no comerciales limitados y están
sujetas a la competencia de otras empresas (Heller, Mahdavi y Schreuder,
2014). Un ejemplo de esto es la empresa petrolera nacional Statoil de Noruega.
Desde su establecimiento, ha estado expuesta a la competencia internacional,
fomentada por un Gobierno que espera que su eficiencia aumente gracias a la
competencia, la distribución de los riesgos, la transferencia tecnológica y la
afluencia de conocimientos en materia de gestión petrolera (McPherson, 2010).

En consonancia con su función comercial independiente, en términos
jurídicos las ENR se deben establecer como entidades independientes en
virtud del derecho societario y no como unidades de un ministerio. Siguiendo
el mismo principio, el personal de gestión debe ser designado en función de
sus calificaciones profesionales y no mediante procesos de designación política; además, las juntas de directores deben asegurarse de que las empresas
se centren en su actividad comercial principal en lugar de perseguir fines
políticos.

Luego de reflexionar acerca de estas experiencias e inquietudes, entre las
responsabilidades principales de una ENR se incluyen las siguientes:

- La gestión de los aspectos comerciales de la participación estatal en el sector de
  las IE.
- El desarrollo de conocimientos especializados en el sector de las IE.
- La optimización del valor para los accionistas (ya sea que el Estado posea todas
  las acciones o parte de ellas).

En contraposición, las responsabilidades del Gobierno (representado por el
ministerio del sector de las IE y el organismo regulador) en cuanto a la supervisión de las ENR pueden incluir las siguientes:

- El mantenimiento del enfoque en los intereses comerciales del Estado y, en
  consonancia con esto, el posible favorecimiento de la expansión de las ENR al
  exterior.

- La garantía de un entorno competitivo entre las empresas del sector de las IE, que incluye a la ENR.
- La evaluación comparativa del desempeño comercial de la ENR respecto de otras empresas.
- La consecución de una distribución adecuada de responsabilidades entre la ENR y otras entidades gubernamentales.

Funciones de otros ministerios y organismos gubernamentales

Además del Ministerio de Minería (petróleo y gas) y el Ministerio de Hacienda, cabe la posibilidad de que otros ministerios y organismos gubernamentales participen en la implementación de políticas para el sector de las IE. A continuación, se enumeran ejemplos de estas entidades y sus responsabilidades correspondientes[1].

- *El ministerio responsable de la justicia y los asuntos constitucionales:*
  - Elabora legislación sobre minería, petróleo y gas con las aportaciones técnicas del ministerio del sector y el Ministerio de Hacienda (respecto de temas fiscales).
  - Elabora legislación para la gestión de los ingresos provenientes de los recursos con las aportaciones técnicas del Ministerio de Hacienda.
  - Puede elaborar reglamentaciones relacionadas con el otorgamiento de licencias para la extracción de minerales y la regulación de las operaciones mineras.
- *El ministerio responsable del medio ambiente, el agua, los bosques, las tierras húmedas y la vida silvestre:*
  - Garantiza que se elabore un plan de cierre adecuado en las etapas iniciales de preparación de un proyecto (véase la capítulo 6 sobre salvaguardas ambientales).
  - Supervisa el cumplimiento de los planes de cierre y los planes de protección ambiental, y aplica multas u otras sanciones permitidas por las reglamentaciones en caso de incumplimiento.
  - Regula el uso del agua y la contaminación a través de la emisión de permisos de uso del agua y permisos de contaminación.
  - Garantiza el cumplimiento de las condiciones que establecen los permisos de uso del agua y de contaminación, así como también la protección de las zonas de captación y drenaje de aguas, de los bosques y de las tierras húmedas.
  - Realiza un seguimiento del impacto de la extracción de recursos sobre la calidad de las masas de agua subterráneas y superficiales, sobre la calidad del suelo, la flora y el aire de la zona donde se realiza la actividad de extracción.
  - Garantiza que las políticas del sector de las IE estén en consonancia con la conservación de la vida silvestre.
  - Gestiona cualquier posible impacto que puedan tener las toxinas provenientes de las actividades del sector de las IE.

Cabe señalar aquí que la práctica óptima requiere que los temas ambientales sean abordados por ministerios especializados, principalmente por el Ministerio de Medio Ambiente o su equivalente, en lugar del ministerio del sector de las IE. No obstante, el ministerio del sector de las IE puede conservar una pequeña unidad ambiental que trabajará en coordinación con los ministerios especializados a cargo de los temas ambientales y sociales.

- *El ministerio responsable de la industria:*
  - Garantiza que las políticas de recursos guarden coherencia con las políticas nacionales de desarrollo industrial.
  - Fomenta el desarrollo de encadenamientos productivos hacia adelante, hacia atrás y laterales con empresas nacionales calificadas, junto con el ministerio del sector.
  - Proporciona, en cooperación con el sector privado, capacitación para las empresas y los trabajadores que necesiten mejorar sus conocimientos y competencias para establecer la producción en los sectores con encadenamientos productivos hacia adelante, hacia atrás y laterales.
- *El ministerio (o los ministerios) responsable(s) de la educación y la investigación:*
  - Establece o promueve programas educativos y de capacitación que abordan las necesidades de personal especializado del sector extractivo y de otros sectores relacionados (tales como técnicos petroleros y de minería, ingenieros, geólogos, etc.) con las aportaciones sobre diseño que le proporciona el ministerio del sector.
  - Brinda asistencia al ministerio del sector al facilitar la transferencia de tecnología por medio de actividades de I+D vinculadas con las IE en universidades nacionales e instituciones de investigación, junto con empresas multinacionales de recursos y otras instituciones relevantes.
- *El ministerio responsable de la planificación del espacio físico:*
  - Elabora planos para obras de extracción, con las aportaciones del ministerio del sector.
  - Coordina el desarrollo de infraestructura petrolera, minera y de gas en función de las prioridades, los planes y los proyectos de infraestructura nacionales y regionales.
  - Presta asistencia al Ministerio de Transporte y el ministerio del sector para evaluar las opciones para el establecimiento de corredores de recursos y conglomerados industriales.
- *El ministerio responsable de la mano de obra:*
  - Garantiza que las políticas de empleo del sector de las IE estén en consonancia con las políticas y las reglamentaciones nacionales de empleo.
  - Supervisa las prácticas de compensación por lesiones y enfermedades ocupacionales.
  - Se desempeña como mediador de controversias laborales y participa en la resolución de conflictos.

- *El ministerio responsable de los gobiernos locales:*
  - Coordina y contribuye con las políticas de los gobiernos locales correspondientes al sector de las IE, de acuerdo con la política nacional para el desarrollo local.
  - Puede auditar los acuerdos de desarrollo comunitario y las fundaciones, los fideicomisos y los fondos comunitarios.
  - Brinda orientación a los Gobiernos locales sobre la planificación y la generación de capacidad en relación con las actividades del sector de las IE.
  - Integra las actividades extractivas en los programas y los planes del Gobierno local.
  - Garantiza que el desarrollo de la infraestructura petrolera, minera y de gas se integre en los planes de desarrollo local, si fuera pertinente, mediante acuerdos de uso compartido.

Además de las entidades antes mencionadas, también participan muchos otros ministerios y organismos gubernamentales, a saber:

- *El Banco Central* aborda los efectos monetarios y del tipo de cambio del sector de las IE; puede desempeñar un papel en el seguimiento, la elaboración de informes y la conciliación de los flujos financieros y fiscales de las IE; y, en caso de que sea pertinente, puede gestionar el fondo de ahorro y estabilización.
- *El auditor general* ofrece una supervisión independiente de las operaciones del Gobierno en el sector extractivo mediante auditorías financieras y otras auditorías (de acuerdo con las disposiciones constitucionales y demás leyes pertinentes) y garantiza el acatamiento de las normas contables internacionales en los sectores del petróleo, el gas y la minería.
- *El ministerio responsable de las tecnologías de la información y las comunicaciones* formula la reglamentación y la legislación que aborda la provisión de almacenamiento y transmisión de datos en respuesta a la mayor demanda de estos por parte de las empresas de recursos.
- *El ministerio responsable de las obras públicas y el transporte* lidera la planificación y la reglamentación de los servicios de transporte relacionados con las IE, así como el desarrollo de infraestructura afín y, si procede, asume la dirección de la planificación y el desarrollo de corredores de recursos.

Los ministerios responsables de la seguridad, en contextos en los que la seguridad es una inquietud, responden a las demandas de seguridad de las instalaciones petroleras, mineras y de gas. Este puede ser el caso si la población local aumenta marcadamente con la llegada de los trabajadores migrantes a la mina.

Nota

1. Esta sección se basa en Gobierno de Uganda (2008).

CAPÍTULO 4

Ciclos de inversión y producción

Características de las inversiones en el sector de las industrias extractivas

Las inversiones en el sector extractivo difieren fundamentalmente, y en distintos aspectos, de las inversiones en la mayoría de los otros sectores. En primer lugar, las inversiones iniciales en infraestructura y desarrollo de minas o yacimientos petrolíferos pueden ser muy grandes; los costos de inversión a menudo ascienden a miles de millones de dólares. En segundo lugar, las inversiones en las IE se caracterizan por prolongados tiempos de espera, ya que el descubrimiento y el posterior desarrollo de las minas y los yacimientos petrolíferos pueden demorar una década o más. Una vez efectuado el gasto, estas inversiones esencialmente son costos irrecuperables y se deben completar antes de que la mina o el yacimiento de gas o petróleo comience a producir. Por otra parte, los horizontes de inversión también pueden ser muy prolongados: algunas minas producen durante un plazo de 50 años a 100 años o más. En tercer lugar, las inversiones están sujetas a un alto nivel de incertidumbre, particularmente durante las etapas de exploración, diseño y desarrollo, pero el riesgo sigue siendo elevado durante la operación debido a la inestabilidad de los precios del petróleo y los minerales, así como también a la incertidumbre sobre la magnitud de las reservas. Con precios bajos, los minerales de baja ley no suponen rentabilidad para la mina y se consideran desechos. De forma similar, la extracción de gas y petróleo, que requiere tecnología costosa, solo es rentable si el precio permanece lo suficientemente alto para cubrir el gasto necesario. En cuarto lugar, el petróleo y los minerales son recursos limitados, y dado que la producción de una unidad adicional en la actualidad significa que esta unidad no estará disponible en el futuro, las estrategias óptimas de extracción se ven afectadas y difieren en función de las preferencias sociales y privadas a lo largo del tiempo. Por último, en el sector de la minería los costos de cerrar una mina pueden representar una porción considerable del presupuesto general de un proyecto.

El ciclo de la minería

El ciclo de la minería puede dividirse en cuatro etapas: exploración, diseño y construcción, operación, cierre y posterior al cierre. Véanse el gráfico 4.1 y el cuadro 4.1 como esquema de este punto.

La exploración de minerales es la primera etapa del ciclo de la minería. En zonas donde anteriormente no se encontraron metales ni minerales, la tasa de éxito es sumamente baja. Si la denominada exploración de base comunitaria conduce a un descubrimiento, se lleva a cabo un examen más pormenorizado para decidir si el descubrimiento puede pasar a la siguiente etapa. En promedio y según los cálculos, solo 1 de cada 10 000 descubrimientos conduce al desarrollo de una mina (Gobierno de Canadá, 2006). La tasa de éxito en la etapa de exploración puede aumentar ampliamente a través del uso de mapas geológicos y datos como los que producen las entidades de prospección geológica. Se requiere un nivel mínimo de información geológica para reducir los riesgos a un nivel aceptable para que el sector privado comience la exploración. (Ante la ausencia de información geológica básica, los riesgos generalmente son demasiado elevados para generar una inversión por parte del sector privado). Desde la perspectiva de un economista, dos fallas del mercado generan espacio para que el Estado desempeñe una función. Estas fallas ocurren cuando i) la geociencia en etapa temprana tiene aspectos de bien público, lo que significa que el sector privado la proporcionará en un grado insuficiente, y cuando, ii) ante la ausencia de datos geológicos básicos, la incertidumbre asociada con la posibilidad de un descubrimiento exitoso es tan elevada y su valor potencial es tan especulativo que los inversionistas no pueden valorarla de manera correcta.

Una vez que el organismo gubernamental correspondiente otorga y aprueba una solicitud de explotación minera, el explorador o la empresa tiene los derechos exclusivos para explorar esa parcela de terreno durante un período de tiempo determinado. Los cánones de superficie y las obligaciones de inversión se emplean para desalentar la tenencia por parte de las empresas de terrenos con fines especulativos, sin llevar a cabo inversiones adicionales. En algunas regiones, la exploración puede estar a cargo de empresas mineras muy pequeñas y "noveles", que venden los derechos de extracción a empresas de mayor envergadura si realizan hallazgos. La exploración es un proceso muy lento: el tiempo que transcurre desde el descubrimiento de un mineral promisorio hasta el comienzo de una nueva mina normalmente es de entre 7 años y 10 años, en ocasiones más.

El desarrollo de la mina es la segunda etapa del ciclo de la minería. El objetivo de esta etapa consiste en calcular el valor potencial del yacimiento mineral y

Gráfico 4.1 Las cuatro etapas del ciclo de la minería

Fuente: Compilación de los autores basada en Newmont (2013) y Consejo de Minerales de Australia (2015).

El sector de las industrias extractivas • http://dx.doi.org/10.1596/978-1-4648-0612-4

Cuadro 4.1 El ciclo de la minería

	Etapa	Actividad	Aprobación del Gobierno	Estimación de costos (US$)	Duración habitual
Exploración de minerales	Infraestructura geológica	Relevamientos geológicos, geofísicos aéreos y geoquímicos regionales		De 10 a 100 por km^2	Entre 10 años y 20 años, ciclos de programas nacionales
	Evaluación de los recursos minerales	Integración de datos regionales, elaboración de modelos de yacimientos minerales, evaluación de prospección			Entre 10 años y 20 años, ciclos de programas nacionales
	Reconocimiento	Relevamientos aéreos y terrestres semirregionales para identificar objetivos		De 500 000 a 2 millones	Entre 1 año y 3 años
	Exploración	Excavación de zanjas, geofísica del terreno, geoquímica y geología detalladas, perforación	Licencia de exploración; evaluación del impacto ambiental y social (EIAS) para la exploración	De 100 000 a 50 millones	Entre 1 año y 10 años
	Exploración avanzada	Perforación, pruebas piloto, estudio de previabilidad			
Desarrollo de la mina	Planificación de la mina	Estudios técnicos y de viabilidad, EIAS y Plan de Gestión Ambiental y Social (PGAS)	Licencia de minería, EIAS y otros (por ejemplo, agua)	De 500 000 a 10 millones	Entre 1 año y 3 años
	Construcción	Infraestructura, desarrollo de la mina, plantas de procesamiento		De 50 millones a 15 000 millones	Entre 1 año y 5 años
Operación de la mina	Minería	Producción de minerales (a cielo abierto, subterránea o aluvial)			Entre 10 años y 100 años
Cierre de la mina	Cierre	Cierre final y desmantelamiento	Liberación de licencia	De 1 millón a 50 millones	Entre 1 año y 5 años
	Posterior al cierre	Mantenimiento		De 100 000 a 500 000 por año	A perpetuidad

Fuente: Adaptado de Ortega Girones, Pugachevsky y Walser (2009).
Nota: PGAS = Plan de Gestión Ambiental y Social; EIAS = evaluación del impacto ambiental y social; km = kilómetros.

determinar si se puede extraer con rentabilidad. Entre los factores que determinan la rentabilidad se incluyen los siguientes:

- La ubicación del recurso, el tipo de mineral y los requisitos de infraestructura (por ejemplo, puede resultar posible extraer diamantes en una zona remota con poca infraestructura debido a su alta relación valor-volumen, en comparación con otros minerales con menor valor y mayor volumen, como el zinc o el plomo).
- El tamaño y el valor del recurso.

- Los precios de mercado y la distancia de los mercados.
- La capacidad para extraer el mineral de un modo seguro para el medio ambiente.
- El régimen reglamentario.
- La disponibilidad de una fuerza laboral calificada.

Las actividades principales de la etapa de desarrollo de la mina son las siguientes:

- La adquisición de datos técnicos, ambientales y socioeconómicos adicionales.
- El desarrollo de la mina y de los planes de infraestructura y cierre.
- El aseguramiento de que los requisitos reglamentarios se cumplan (por ejemplo, a través de consultas entre empresas mineras y el Gobierno).
- La evaluación de los efectos ambientales y socioeconómicos.
- La obtención de los permisos y las licencias y el establecimiento del mecanismo de garantía de cierre (para obtener información sobre la garantía de cierre, véase el capítulo 6).

El diseño y la construcción de la mina normalmente demoran entre 5 años y 10 años, de acuerdo con la ubicación de esta, su tamaño y la complejidad del proceso de desarrollo, que incluye las necesidades de infraestructura. Al final de la etapa de desarrollo de la mina, se realiza una evaluación final del proyecto y se toma una decisión sobre si se debe iniciar la producción o no. Si la decisión es positiva, se construyen la mina y sus establecimientos. En general, se necesitan:

- Entre dos años y tres años para realizar los estudios y las pruebas (estudios de viabilidad y estudios ambientales relacionados, cuadro 4.2).
- Entre un año y tres años para obtener los permisos.
- Entre dos años y cuatro años para construir la mina y la infraestructura.

Los costos del desarrollo de la mina pueden variar desde aproximadamente US$50 millones hasta US$15 000 millones, de acuerdo con el tipo de mina, el tamaño, la ubicación y los requisitos de infraestructura.

La operación de la mina constituye la tercera etapa del ciclo de la minería. La vida operativa de una mina puede ser de tan solo unos cuantos años, pero en el caso de las operaciones de envergadura, puede extenderse a lo largo de varias décadas, de 50 años a 100 años o más. Una mina en operación cuenta con cuatro áreas de trabajo principales: el área de excavación, la planta de procesamiento, el área de almacenamiento de desechos y el área correspondiente a los servicios de apoyo. Algunas operaciones mineras no poseen una planta de procesamiento en el lugar, y el mineral se envía a otro lugar para su procesamiento. Entre los factores que afectan la vida operativa de una mina se incluyen los siguientes:

- El precio del mineral en el mercado internacional.
- Los costos de producción y los índices de producción.

Cuadro 4.2 Estudios de viabilidad: Reseña

Determinación de la geología y los recursos	*¿Qué tamaño tiene el yacimiento o recurso?* *¿Cuál es la ley de los minerales o metales del yacimiento?*
Planificación de la mina	¿Qué se extraerá? (¿qué metales, qué cantidad del yacimiento?) ¿Cómo se extraerá? (¿a cielo abierto, en superficie o de manera subterránea?) ¿Qué equipos se emplearán para la extracción?
Trabajo de pruebas para la planta de procesamiento y diseño de la planta	¿Cuál es la mejor manera de extraer los minerales o metales? (por ejemplo, ¿de la roca de caja?) ¿Qué minerales o metales se recuperarán? ¿Cuál es el nivel de recuperación calculado del método elegido? ¿Habrá una fundición o una refinería?
Planificación de la infraestructura	¿Qué caminos, pistas aéreas, campamentos y complejos serán necesarios?
Planificación de la gestión del agua y los desechos	¿Cuáles son las necesidades de suministro de agua? ¿Cuáles son los requisitos de calidad de descarga? ¿Cómo se pueden eliminar los desechos de manera segura?
Planificación ambiental y socioeconómica	¿Cuáles son las principales inquietudes que surgen de los estudios ambientales y socioeconómicos? ¿Cómo pueden abordar los planes estas inquietudes?
Plan de cierre y rehabilitación de la mina	¿Cuáles son los mejores métodos de cierre y rehabilitación?
Estimaciones de costos operativos	¿Cuántos trabajadores se necesitan? ¿Qué tipos y cantidades de equipos e insumos se necesitan durante las operaciones? ¿Cuáles son los costos operativos anuales?
Costos de inversión	¿Cuáles son los costos de planificar, diseñar, obtener los permisos correspondientes y construir los establecimientos?
Análisis financiero	¿Cuál es la posible rentabilidad financiera para la empresa minera? ¿Cuáles son los costos de tomar un préstamo para construir y operar la mina? ¿Cuáles son los costos y las ganancias anuales? ¿Cuáles son las utilidades o las pérdidas previstas?

Fuente: Adaptado de Natural Resources Canada (2013). Reproducido con el permiso del Departamento de Recursos Naturales, 2015.

- La calidad (o ley) del mineral extraído.
- El tamaño y la forma del yacimiento mineral, así como también su profundidad por debajo de la superficie.
- Los métodos y equipos de minería y los costos relacionados.
- Las cuestiones de seguridad relacionadas con las condiciones del terreno.

Durante las operaciones de la mina, el costo más elevado por lo general es el de la mano de obra, que incluye la capacitación. El combustible, la energía y demás bienes de consumo (equipo pesado, brocas, repuestos, explosivos, reactivos químicos, etc.) son otros gastos importantes.

El cierre de la mina, la cuarta etapa del ciclo, se define como la conversión ordenada, segura y ecológicamente racional de una mina en funcionamiento en una mina cerrada. El objetivo del cierre de la mina consiste en abandonarla de modo tal que las áreas afectadas por la actividad minera sigan siendo ecosistemas viables y autosostenibles compatibles con un medio ambiente saludable y con las actividades humanas (Gobierno de Canadá, 2006). El cierre de la mina también tiene implicancias sociales relevantes, vinculadas con la pérdida de puestos de trabajo y de los ingresos en la comunidad local.

La planificación del cierre de la mina comienza durante la etapa de planificación del proyecto minero. En la mayoría de los países, el Gobierno debe aprobar el plan de rehabilitación inicial antes del desarrollo de la mina. La empresa que interviene también debe establecer una garantía de cierre (depósito, bono), a fin de garantizar la disponibilidad de fondos para la rehabilitación, incluso si la empresa se declarase en quiebra o se negase a cumplir con sus responsabilidades. La garantía de cierre ofrece la seguridad de que los Gobiernos no se queden con pasivos luego del cierre incompleto de una mina.

Un plan de cierre y rehabilitación de la mina detalla la manera en que la empresa minera cerrará la mina y, dentro de lo posible, la devolverá al estado previo a la explotación. El plan establece qué se debe hacer con cada componente individual de la mina. El tiempo necesario para el cierre de la mina depende del tamaño y de la complejidad de la operación, así como de los efectos ambientales de la mina. Habitualmente, cerrar una operación minera lleva entre 2 años y 10 años, pero si se requiere un seguimiento a largo plazo, el cierre completo puede demorar décadas. El costo puede oscilar entre US$1 millón hasta US$50 millones o más, y el seguimiento y el mantenimiento posteriores al cierre pueden costar desde US$100 000 hasta US$500 000 por año. En el caso de problemas ambientales permanentes, el seguimiento y el mantenimiento posteriores al cierre pueden durar indefinidamente. En el capítulo 6 se describen los mecanismos financieros que se usan para garantizar que las empresas mineras lleven a cabo la etapa de cierre y rehabilitación de manera adecuada, y de ese modo, evitar posibles volúmenes elevados de pasivos para el Gobierno.

El ciclo del petróleo y el gas

Las etapas de las operaciones de petróleo y gas son similares a las etapas de la minería:

- *Relevamientos y perforaciones de exploración.* Los mapas geológicos se revisan en estudios documentales con el objetivo de identificar cuencas sedimentarias de importancia. Una vez que se ha identificado una estructura geológica promisoria, la única forma de confirmar la presencia de hidrocarburos es mediante la perforación de pozos de exploración, ya sea desde una plataforma construida para ese fin (sobre el terreno) o desde una unidad de perforación mar adentro (en el mar). En el lugar donde se encuentra una formación de hidrocarburos, se realizan pruebas de pozo iniciales (que pueden demorar un mes más). A diferencia de los minerales, la exploración de hidrocarburos (incluido el metano de los yacimientos de carbón) requiere una producción de nivel piloto (de prueba) para confirmar la viabilidad. Esto se debe a que la porosidad del depósito y la conectividad entre los pozos (durante la producción) son factores determinantes del potencial tan importantes como el tamaño y la calidad del recurso.

- *Evaluación inicial.* Cuando la perforación de exploración es exitosa, se perforan más pozos para establecer el tamaño y la magnitud del yacimiento, con las mismas técnicas empleadas para las perforaciones de exploración.

- *Desarrollo y producción.* Una vez establecido el tamaño del yacimiento petrolífero, se perforan pozos de producción. Los depósitos de gran magnitud requieren la perforación de varios pozos. Los avances en materia de perforación con dirección controlada hicieron que la cantidad de pozos que se pueden perforar en una única ubicación aumente a 40 pozos o más. Tras llegar a la superficie, el hidrocarburo se envía a una planta de producción central, donde se recogen los fluidos procedentes de él (petróleo, gas y agua) antes de transportarlo para su posterior procesamiento. La vida útil comercial habitual de un pozo petrolero, si bien existe una amplia variación entre pozos, suele ser de entre 10 y 30 años

- *Desmantelamiento y rehabilitación.* Como ocurre en el ciclo de la minería, el proceso de desmantelamiento debe considerarse en la etapa inicial de planificación de la operación. El emplazamiento debe restituirse a condiciones ambientalmente racionales. La huella ambiental local de la extracción de petróleo es mucho más pequeña que la de la minería. En el caso de la producción terrestre, fundamentalmente se trata solo de una plataforma de producción de hormigón y una infraestructura adyacente, pozos que se deben conectar y una infraestructura de tuberías. Por lo tanto, el costo de desmantelamiento es considerablemente menor para los hidrocarburos que para los minerales. Los pozos de exploración, la mayoría de los cuales no serán exitosos, normalmente se desmantelan después de un mes a tres meses de actividad.

CAPÍTULO 5

Política de las industrias extractivas

Política y marcos reglamentarios

Para obtener una excelente reseña de la gestión del sector petrolero, véase Tordo, Johnston y Johnston (2010), "Petroleum Exploration and Production Rights". Para conocer una perspectiva del sector privado respecto de la función de la minería en el desarrollo social y económico, se recomienda a los lectores leer Kapstein y Kim (2011), The Socio-Economic Impact of Newmont Ghana Gold Limited. *Véase también ICMM (2013), "Approaches to Understanding Development Outcomes from Mining".*

Para contribuir de manera óptima con el desarrollo y el crecimiento económico, el sector de las IE necesita marcos de políticas públicas estables y predecibles. Los países presentan diferencias en cuanto a qué estrategias y políticas eligen para concretar sus objetivos para el sector extractivo. Los factores decisivos incluyen la estructura actual de la administración pública, la geología y la historia del país, así como también la cantidad o el tipo de inversiones involucradas. En todos los casos, se debe cumplir con un determinado conjunto de funciones, independientemente de las circunstancias externas. Para atraer inversiones, deben ponerse a disposición datos geológicos (a fin de brindar indicadores del tamaño y la calidad de los posibles yacimientos) y se debe establecer un clima de inversión favorable. De igual importancia es la institución de un régimen jurídico y catastral para gestionar los derechos de exploración y extracción. Las salvaguardas ambientales y sociales se deben incluir desde la etapa temprana de preparación del proyecto. Se debe fijar un marco jurídico estable y transparente, reglamentaciones y un régimen de otorgamiento de licencias, así como también un marco administrativo adecuado para la recaudación de ingresos. En el presente capítulo se brinda una reseña de los componentes principales de los regímenes de políticas extractivas[1].

Una política minera establece el marco para los objetivos del sector de la minería, según se define en un proceso democrático y consultivo en el que participan el Gobierno, la sociedad civil (incluidas las comunidades posiblemente afectadas) y el sector privado (recuadro 5.1. Entre los componentes se incluyen i) la definición de los mecanismos mediante los cuales el Gobierno creará un entorno empresarial competitivo; ii) el establecimiento de disposiciones para

Recuadro 5.1 Política minera

Una política minera bien preparada debería apuntar al logro de lo siguiente:

- Establecer principios rectores para el uso de los recursos por parte de generaciones actuales y futuras.
- Crear un entorno propicio para las inversiones locales e internacionales en la exploración, el desarrollo y la producción minera.
- Estimular a los Gobiernos, las empresas y las comunidades para que trabajen en conjunto, a fin de garantizar que las operaciones se realicen de una manera sostenible en términos ambientales y sociales i) evitando, mitigando o compensando los impactos locales; ii) permitiendo consultas comunitarias eficaces; iii) ordenando planes de desarrollo comunitario eficaces, y iv) empleando indicadores de sostenibilidad para realizar un seguimiento de los resultados e informarlos.
- Garantizar beneficios económicos a nivel local, la participación en los ingresos y la gestión transparente de estos últimos.
- Ayudar a tomar decisiones fundamentadas a través de la recopilación de datos geológicos y la evaluación de los recursos.
- Regular la minería artesanal y a pequeña escala, y ofrecer un apoyo técnico e institucional adecuado para las actividades afines.
- Aplicar normas aceptadas internacionalmente para la protección ambiental y social, que contemplen a los pueblos indígenas y la reubicación de las comunidades afectadas.

Fuente: Adaptado de Stanley y Eftimie (2005).

atraer la participación del sector privado; iii) la búsqueda de un equilibrio entre los impuestos directos (a través de impuestos, regalías y cánones de superficie) y los impuestos indirectos de las industrias de apoyo secundarias y terciarias y de procesamiento descendente; iv) la introducción de iniciativas que promuevan la transparencia en los ingresos, y v) la garantía del uso de concesiones, arrendamientos mineros y otros derechos mineros trasmisibles correspondientes a productos básicos esenciales (Stanley y Eftimie, 2005).

La experiencia internacional demuestra que es necesario separar claramente las actividades comerciales, de regulación y de políticas (cuadro 5.1). En este contexto, un ministerio del Gobierno dirige la política, un organismo regulador supervisa y ofrece sus conocimientos especializados y una ENR, si existe, participa en las operaciones comerciales. Esta separación de poderes establece un sistema de controles y contrapesos, garantiza una mayor integridad sistémica y evita los conflictos de interés que pueden surgir cuando las funciones comerciales, de regulación y de políticas se consolidan en una menor cantidad de entidades. Si las funciones de regulación no se pueden separar de la ENR, otra opción consiste en aislar estas funciones a los fines operativos y contables y estipular la rendición de cuentas directa a las cuentas y los presupuestos nacionales. Esto ofrece una

Cuadro 5.1 Separación de funciones clave en el sector extractivo

Política	
Ministerio de Hacienda (fiscal)	Ministerio del sector (gestión de recursos)
Regulación	
Ministerio de Hacienda (oficina de impuestos)	Ministerio del sector
Comercial	
Empresa de recursos naturales	

Fuente: Calder (2010). Derechos de autor de 2010 de Routledge/FMI; reproducido con la autorización de Taylor & Francis Books, Reino Unido.

solución temporal hasta que se puedan establecer la capacidad y la credibilidad necesarias en un organismo externo.

Los recursos financieros son necesarios para implementar marcos institucionales y reglamentarios vinculados con las políticas de las IE, así como una capacitación adecuada y suficiente para el personal pertinente. Los responsables de formular políticas sobre el petróleo y los minerales deben reconocer que la supervisión y la ejecución de actividades relacionadas con la minería, el petróleo y el gas generan responsabilidades adicionales no solo para el ministerio del sector y para el Ministerio de Hacienda, sino también para otros ministerios y organismos (como se describe en el capítulo 3). En este contexto, el Ministerio de Hacienda (o su equivalente) deberá evaluar la necesidad de recursos adicionales para llevar a cabo estas responsabilidades y proporcionar financiamiento según lo considere adecuado. En el cuadro 5.2 se resumen los componentes necesarios de un programa del sector de las IE.

Financiamiento, propiedad y pasivos del sector

En esta sección se resume y condensa el material de los capítulos 6 y 7 de "EI Source Book" de Cameron y Stanley (2012). Véase también "Overview of State Ownership in the Global Minerals Industry", Banco Mundial (2011a).

En muchos países, la legislación permite la participación directa del Estado a través de capitales minoritarios en emprendimientos de las IE. El capital puede estar directamente a nombre del Gobierno o bien puede estar a nombre de un vehículo gubernamental establecido para participar en el capital de empresas privadas. Si bien la participación estatal era habitual tanto en los sectores mineros como petroleros hasta las décadas de 1960 y 1970, actualmente es mucho más común en el sector petrolero. Se pueden observar varios tipos de participación estatal en el sector de las IE: i) la participación en el capital pagado, ii) la participación en los beneficios y iii) la participación en el capital disponible (véase el cuadro 5.2). Además, la participación en la producción es común en el sector petrolero (como se analiza en la sección titulada "Reseña de los regímenes tributarios y de regalías de las industrias extractivas"; véase el gráfico 5.3 sobre participación en la producción).

Cuadro 5.2 Componentes de un programa del sector de las IE

Financiamiento, propiedad y pasivos del sector	Determina el tipo de participación estatal en emprendimientos extractivos, si los hubiera. Las opciones incluyen i) la participación en el capital pagado, ii) la participación diferida en los beneficios y iii) la participación en el capital disponible. Incluye acuerdos con los accionistas que contemplan i) el tipo de financiamiento del capital, ii) las facultades decisorias de los distintos accionistas, iii) las condiciones bajo las cuales puede cambiar la propiedad y iv) las responsabilidades y obligaciones de los accionistas al momento del desmantelamiento o el cierre.
Marco jurídico, reglamentario y de otorgamiento de licencias	Establece el marco para el sector, que incluye la propiedad de los minerales y la asignación de derechos mineros, la función del Estado, el cumplimiento de las leyes de derechos mineros, la estructura orgánica del sector y los términos, las condiciones y los procedimientos para la aprobación de los proyectos.
Sistema de información de datos geológicos	Pone a disposición de posibles inversionistas y del Gobierno datos geológicos mediante el establecimiento y el mantenimiento de una base de datos geológicos sencilla y disponible para el público, la realización de nuevos relevamientos geológicos y el desarrollo de la capacidad del laboratorio de geociencias para llevar a cabo análisis confiables de los tramos explorados.
Catastro minero	Garantiza la transparencia en la concesión de derechos mineros, garantiza la seguridad de tenencia y facilita la gestión de los usos contrapuestos de la tierra. Reúne títulos mineros, su historial y sus atributos específicos en una base de datos común, que se encuentra a disposición del público en general a través de Internet.
Régimen tributario minero	Determina la composición y la magnitud de los instrumentos tributarios, incluidas las opciones del impuesto sobre la renta de las sociedades, las regalías, los instrumentos tributarios progresivos, las disposiciones de recuperación de costos y el aislamiento.
Administración tributaria	Establece la capacidad para gestionar operaciones tributarias complejas relacionadas con las industrias extractivas. Incluye el establecimiento de la capacidad de personal especializado requerida o la obtención del apoyo de especialistas externos y la creación de las estructuras orgánicas (por ejemplo, una unidad de grandes contribuyentes), los procedimientos y la infraestructura de tecnología de la información adecuados.
Capacidad y transparencia en relación con la gestión de contratos	Prevé la supervisión interna (del Gobierno) y la rendición de cuentas a nivel externo (ante la sociedad) a través de la divulgación regular de información integral sobre las licencias de recursos, los contratos y los ingresos. Integra aspectos de transparencia en los procedimientos administrativos para la gestión de contratos e ingresos.
Objetivos ambientales y posibles pasivos, rehabilitación de la mina	Evita o reduce los pasivos ambientales que posiblemente resulten costosos para el Gobierno mediante la aplicación de reglamentaciones ambientales, lo que incluye la elaboración y la ejecución de evaluaciones del impacto ambiental, planes de gestión ambiental y planes de cierre o desmantelamiento.
Objetivos sociales y posibles pasivos, salud y seguridad	Garantiza que se lleven a cabo consultas con las partes interesadas en las comunidades locales y proporciona una base jurídica e incentivos para acuerdos de desarrollo comunitario y para fundaciones, fideicomisos y fondos (FFF) comunitarios. Brinda preparación para la viabilidad económica y social de las comunidades después del desmantelamiento de la mina.
Clima de negocios y competitividad de las industrias extractivas	Reduce los riesgos y los costos de hacer negocios de las empresas de recursos, incluso por medio de derechos de propiedad seguros, reglamentaciones predecibles y una carga administrativa ligera (reduciendo la burocracia).
Inversión pública de los ingresos provenientes de los recursos	Garantiza que los recursos subterráneos se inviertan de manera sostenible en capital humano, infraestructura y, en general, en una mayor productividad no basada en los recursos.

Fuente: Compilación de los autores.

Recuadro 5.2 Modalidades de participación del Estado

Participación en el capital pagado. Bajo esta modalidad, el Gobierno paga el capital en efectivo (o mediante la contribución de una licencia u otros activos), lo que le permite estar al mismo nivel que otros accionistas. Las decisiones del Gobierno en materia de inversión suelen tomarse como parte del proceso presupuestario en general e, idealmente, en función de las posibles utilidades. (Es posible que esto no suceda si la empresa estatal cotiza parcialmente en bolsa o se toman decisiones independientes en materia de asignación de capital).

Participación diferida en los beneficios. Este tipo de participación puede adoptar distintas formas, la más frecuente es el denominado "interés con participación parcial en los beneficios". Con este planteamiento, el inversionista privado asume los costos iniciales o paga en nombre del socio estatal (la ENR) durante las primeras etapas de un proyecto, a saber: exploración, evaluación y (posiblemente) desarrollo. Después de un hito predeterminado, el Gobierno (es decir, la ENR) efectúa un gasto por un monto proporcional al desembolsado por el inversionista privado, como en el modelo de participación en el capital pagado. La ventaja para el Gobierno reside en que no debe pagar en efectivo al concretar el acuerdo. En cuanto a la empresa, el interés devengado diluye su base de capital, ya que debe conseguir el efectivo necesario para cubrir la participación del Gobierno. Por consiguiente, los intereses devengados son esencialmente un aporte de capital de los accionistas en nombre del Gobierno. El "interés con participación completa en los beneficios" se produce cuando todos los costos recaen sobre el inversionista privado, y la compensación se paga con la parte del Estado.

Participación en el capital disponible. En algunos casos, los Gobiernos insisten en tener participación minoritaria en el capital disponible de un proyecto nuevo de extracción. La participación en el capital disponible equivale a la aplicación de impuestos al proyecto (es decir, que cuando el proyecto está generando dividendos es, en efecto, lo mismo que la retención de impuestos sobre los dividendos), pero, a diferencia de la aplicación de impuestos, también implica que el Gobierno asuma las múltiples obligaciones y los riesgos de un accionista. Según se ha informado, el requisito obligatorio de participación en el capital disponible ha generado resentimiento y desconfianza entre los Gobiernos y las empresas.

Fuente: Basado en Cameron y Stanley (2012).

La participación minoritaria en el capital permite al Gobierno acceder a la información para accionistas sobre el proyecto y la empresa socia del sector privado (información que no necesariamente se encontraría disponible de otro modo). Si bien la participación en el capital puede estar motivada por objetivos no fiscales, suele conllevar también una expectativa de obtener utilidades a través de una participación en los dividendos.

Cameron y Stanley (2012, sección 7.1) consideran que la participación minoritaria en el capital no aporta demasiado a los ingresos públicos, en comparación con lo que podría obtenerse mediante un régimen tributario eficiente, flexible y bien administrado, pero puede añadir un riesgo considerable. En lo que respecta a los ingresos, los dividendos (y los ingresos asociados, como las retenciones de impuestos sobre los dividendos) no son predecibles y quizás deban transcurrir muchos años hasta poder contar con ellos, debido al alto costo de las inversiones iniciales y a la inestabilidad de los precios de los productos básicos. Con respecto al riesgo, el Gobierno puede, como accionista minoritario, tener facultades limitadas de decisión en los contextos donde el accionista mayoritario toma todas las decisiones importantes. Por ejemplo, si la empresa decide captar capital adicional de sus accionistas, es posible que el Gobierno deba elegir entre adquirir más capital o ver cómo se diluye su participación. Si la empresa pierde dinero, es posible que el Gobierno deba aportar fondos adicionales para mantener la empresa en funcionamiento y, como accionista, el Gobierno también está expuesto a los pasivos contingentes asociados con el cierre o el desmantelamiento. Por último, pueden surgir conflictos de intereses si las funciones de regulación y de propietario del Gobierno no están suficientemente separadas.

Las decisiones sobre la función de participación minoritaria en el capital que cumple el Gobierno en el sector de las IE deberían basarse en acuerdos de accionistas. Estos acuerdos deberían abordar i) el tipo de financiamiento; ii) las reglas de declaración de dividendos; iii) las facultades decisorias de los distintos accionistas; iv) las condiciones bajo las que puede cambiar la propiedad; v) los umbrales de importancia relativa y las normas para la aprobación de las transacciones de importancia relativa entre las partes, y vi) las responsabilidades y obligaciones de los accionistas al momento del desmantelamiento o cierre. En las decisiones de financiamiento se deben considerar los gastos iniciales de capital y las necesidades subsiguientes que surjan de los déficits de flujo de caja o de financiamiento que sostienen los gastos de capital o las ampliaciones de la producción. Los accionistas tienen facultades decisorias sobre los dividendos, la aprobación de presupuestos, los nombramientos y la remuneración de la administración superior, los programas de inversión y la captación de nuevos capitales (inclusive deudas).

Legislación, reglamentación y regímenes contractuales de la minería

Aquellos lectores interesados en este tema pueden consultar el documento del Banco Mundial titulado Extractive Industries Contract Monitoring Roadmap; "Enforcing the Rules", *de Smith y Rosenblum, 2011, y* "Contratos al descubierto: Poniendo fin a los tratos secretos en las industrias extractivas", *de Rosenblum y Maples, 2009. El sitio web www.resourcecontracts.org contiene una base de datos de contratos petroleros y mineros en la que se pueden realizar búsquedas, así como guías que se pueden descargar para comprender los contratos petroleros y mineros. Al momento de la redacción, se estaba elaborando el Atlas Africano de Legislación Minera, www.a-mla.org. Para obtener una explicación de los contratos mineros, véase* "Oil Contracts: How to Read and Understand Them" *de Open Oil. También se encuentran disponibles bases de datos comerciales sobre reglamentación minera.*

La legislación sobre la minería y el petróleo establece un marco

La legislación sobre la minería y el petróleo establece un marco para el desarrollo de las IE, que es congruente con los requisitos constitucionales previos y los objetivos nacionales a largo plazo (recuadro 5.3). Sobre la base de la política minera, las leyes sobre minería y petróleo definen los derechos, los privilegios y las obligaciones de las personas involucradas en el desarrollo de proyectos de petróleo, gas y minería. Las reglamentaciones mineras dan una aplicación práctica a cada artículo de la ley y describen los procedimientos y los procesos que se utilizan para la administración del sector. Por debajo del nivel de las políticas mineras, existe una cadena de ejecución que aumenta en minuciosidad y especificidad a medida que pasa del derecho y las reglamentaciones mineras a los contratos y las licencias de extracción minera.

El derecho minero se aplica a través de reglamentaciones mineras. Estas definen los procesos mediante los cuales se pueden adquirir, transferir, ampliar, rescindir o modificar de algún otro modo los derechos sobre los minerales; la estructura administrativa del ministerio responsable del sector, y la función que desempeña cada unidad a la hora de aplicar la ley (Stanley y Eftimie, 2005). Las reglamentaciones mineras especifican las condiciones para la aprobación de proyectos (otorgamiento de licencias), para las decisiones sobre impactos ambientales y sociales y para el seguimiento de indicadores y la presentación de informes de resultados. Si bien el derecho minero especifica un régimen fiscal para las IE, las reglamentaciones son las que definen el modo preciso de cálculo de este régimen, el pago y otros procedimientos; asimismo, las reglamentaciones son las que establecen los requisitos para la evaluación del impacto ambiental y social y para los planes de gestión (recuadro 5.4).

Los países ricos en recursos tienen que ser capaces de implementar correctamente rondas de otorgamiento de licencias, ofertas públicas (licitación/subasta) y paquetes de licitación competitivos y transparentes. Normalmente, el Gobierno

---

Recuadro 5.3 Derecho minero

Un derecho minero bien preparado cumple las siguientes funciones:

- Establece la propiedad sobre los minerales y concede derechos mineros.
- Define la función del Estado.
- Define las características de la administración de las IE, e incluso del catastro, la inspección y las autorizaciones de las minas.
- Garantiza el cumplimiento de las leyes del derecho minero, lo que incluye regalías, cánones de superficie y otras obligaciones financieras.
- Define las relaciones entre los titulares de derechos de explotación minera.
- Establece la base para las normas de salud y seguridad, la protección ambiental y las medidas para mitigar los impactos sociales.
- Garantiza la protección de las inversiones y la existencia de mecanismos para la solución de controversias y disposiciones transitorias.

Fuente: Stanley y Eftimie (2005).

Recuadro 5.4 Reglamentaciones mineras

Las reglamentaciones mineras bien preparadas cumplen las siguientes funciones:

- Definen la estructura orgánica del sector.
- Establecen las condiciones, los procedimientos para la aprobación de proyectos (incluidas las evaluaciones de impacto ambiental y social) y el desarrollo de planes de gestión ambiental y social.
- Definen los procedimientos para completar informes y formularios.
- Establecen los procedimientos para la evaluación anual de la producción.
- Proporcionan información sobre los cánones de superficie y los cargos para la presentación de solicitudes y la transferencia de títulos.
- Establecen estándares para la presentación anual de informes.

Fuente: Stanley y Eftimie (2005).

Recuadro 5.5 Licencias y contratos mineros

En la mayoría de los casos, las licencias y los contratos mineros alcanzan los siguientes objetivos:

- Establecen compromisos de trabajo para la exploración y el desarrollo.
- Definen disposiciones económicas y financieras específicas del proyecto y de conformidad con lo siguiente: i) arrendamientos y otros derechos para el desarrollo de la minería, ii) suministro de infraestructura, iii) financiamiento de proyectos y iv) controles de divisas y cambios.
- Establecen parámetros y procesos específicos para la gestión ambiental y social.
- Propician el desarrollo económico local.
- Garantizan disposiciones para la rescisión y la solución de controversias.

Fuente: Stanley y Eftimie (2005).

concede los derechos de exploración y extracción a través de concesiones, arrendamientos, licencias y acuerdos (recuadro 5.5). Los procedimientos eficientes y eficaces de otorgamiento suelen basarse en los siguientes principios:

- Un marco jurídico y reglamentario claro.
- Responsabilidades institucionales bien definidas.
- Procedimientos transparentes y no discrecionales.

La concesión de derechos de exploración y extracción de petróleo, gas y minerales sigue uno de los tres procesos principales, en función del tipo de recursos, el riesgo de exploración y el interés del (posible) inversionista (véase el cuadro 5.3).

Cuadro 5.3 Tipos y características de las concesiones de derechos mineros

Tipo de concesión	Características	Exploración	Explotación
Negociaciones directas	Proceso menos transparente	El Gobierno concede derechos de exploración directos a los inversionistas, a cambio de la generación de información.	El Gobierno negocia con la empresa los derechos sobre un recurso conocido, a cambio de otras inversiones (en infraestructura).
Acceso abierto a los minerales	Asignación de derechos mineros "por orden de llegada"	Concesión de derechos de exploración basada en unidades catastrales estándares para garantizar que no interfieran con zonas restringidas u otros derechos mineros exclusivos.	Los titulares de derechos de exploración tienen la seguridad de la tenencia y se les concede el derecho de dedicarse posteriormente a la explotación minera, sujeto al pleno cumplimiento de las reglamentaciones.
Licitaciones competitivas de recursos	Asignación de derechos mineros mediante licitaciones competitivas	Exploración de productos mineros básicos respecto de los cuales i) la información minera ya es de público conocimiento y ii) más de un posible inversor está interesado.	Una vez concedidos los derechos competitivos de exploración, su conversión en derechos de explotación está sujeta al pleno cumplimiento de las reglamentaciones.

Fuente: Stanley y Mikhaylova (2011).

Los principios de las políticas eficientes y eficaces de asignación de derechos sobre los minerales incluyen i) procedimientos transparentes, competitivos y no discrecionales para la concesión de derechos de exploración y explotación; ii) una consideración de la infraestructura adicional necesaria para el desarrollo y la producción del servicio; iii) la existencia de marcos jurídicos, reglamentarios y de otorgamiento de licencias claros; iv) responsabilidades institucionales bien definidas, y v) salvaguardas socioambientales claramente especificadas. Por razones geológicas, el carbón y otros recursos cuya continuidad geológica se puede prever con suficiente anticipación suelen estar asociados con bajos niveles de riesgo de recursos.

A la hora de participar en procesos de licitación y conceder licencias de derechos para la exploración y la explotación de petróleo, gas y minerales, muchos países en desarrollo se encuentran en desventaja en materia de información, en comparación con las empresas multinacionales de recursos. Mientras que las empresas tienen acceso a especialistas internacionales altamente calificados en las áreas de geología y mineralogía, leyes, finanzas y otras disciplinas relevantes, los países en desarrollo generalmente no cuentan con esa capacidad. Estos desequilibrios colocan a los Gobiernos en una posición desfavorable al momento de negociar contratos y licencias de exploración y explotación. Es fundamental fortalecer la capacidad para administrar las negociaciones de los contratos de las IE. El desarrollo de reformas y marcos fiscales, jurídicos, reglamentarios y de políticas reduce el riesgo de una adecuación o renegociación del contrato dificultosas desde el punto de vista político en una etapa posterior. El Servicio de Asesoría Técnica para las Industrias Extractivas del Banco Mundial (EI-TAF) presta asistencia a los países para la negociación de contratos de petróleo, gas y minería.

Creación y mantenimiento de una base de datos geológicos

En esta sección se incluye material de BGS International (2012), "Geodata for Development, A Practical Approach". Aquellos lectores interesados en este tema pueden consultar el documento original.

La adquisición, la gestión y la divulgación eficaces de los datos geológicos son fundamentales para facilitar las inversiones en minería, así como en el sector del petróleo y el gas. Además, un Gobierno que puede comprender cabalmente el potencial geológico del país puede utilizar esta base de información para gestionar mejor sus recursos subterráneos. Los altos rendimientos en la recopilación, el almacenamiento y la disponibilidad pública de los datos geológicos están vinculados con lo siguiente:

- La atracción de inversionistas que podrán utilizar conjuntos de datos geocientíficos confiables para orientar sus decisiones y reducir los riesgos.
- La mejora de la capacidad del Gobierno para negociar contratos.
- La facilitación de nuevos descubrimientos de petróleo, gas y minerales.
- El desarrollo de corredores de recursos para coordinar a nivel regional el desarrollo del emplazamiento de la mina con el desarrollo de la infraestructura.

Entre los principales productos se incluyen los siguientes:

- Una base de datos geológicos actuales que es fácil de usar, en la que los documentos se encuentren clasificados y escaneados.
- Nuevos relevamientos geológicos de tramos de minerales e hidrocarburos, que se usan para identificar posibles zonas de exploración.
- Un moderno laboratorio de geociencias para realizar análisis confiables de los tramos explorados.
- El desarrollo y mantenimiento de políticas para retener e incrementar la capacidad del personal.

Los sectores público y privado generalmente comparten el costo relacionado con la adquisición y el procesamiento de la información geológica (gráfico 5.1). En términos generales, los Gobiernos tienden a brindar información a nivel global (datos en el nivel macro, mapas geológicos regionales) para atraer el interés inicial de los inversionistas y las empresas interesadas. Posteriormente, las empresas realizan relevamientos más detallados a su propia costa. Los costos suelen aumentar con el nivel de detalle, a medida que se reduce la zona de exploración objetivo. El punto en el que la responsabilidad de adquisición y procesamiento de los datos geológicos pasa al sector privado varía en función del país y el producto básico.

Al considerar el costo que implica establecer una cobertura de datos geológicos, conviene separar el costo de crear la infraestructura institucional requerida con el de realizar los relevamientos geológicos concretos. En los países

Gráfico 5.1 Costos de datos geológicos compartidos entre los sectores público y privado

US$/km²

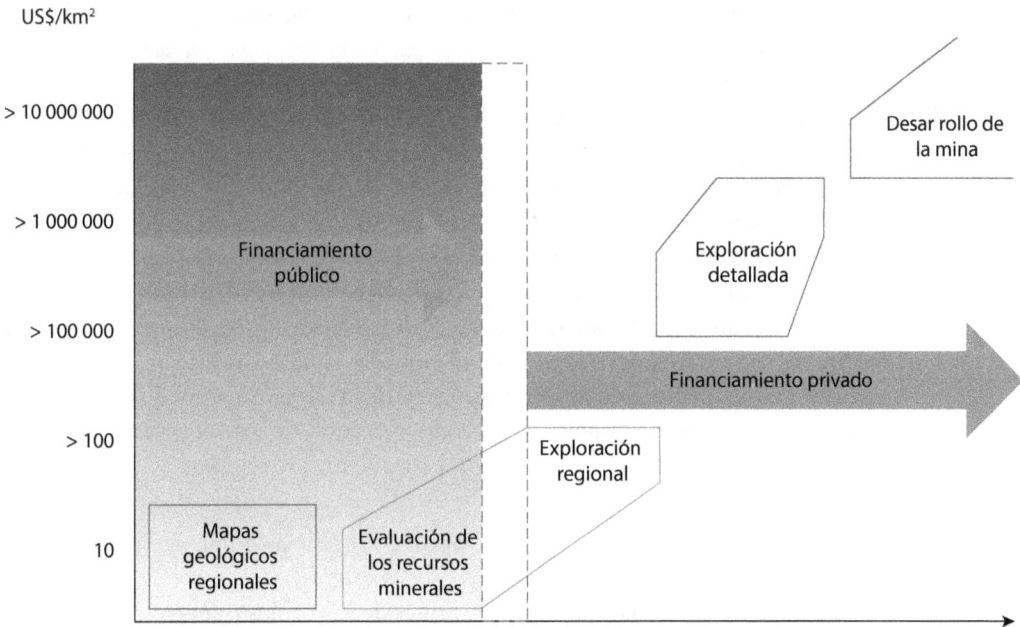

Fuente: Unidad de Políticas sobre Petróleo, Gas y Minería del Banco Mundial.

con abundancia de recursos, los programas geológicos financiados por donantes suelen abordar la construcción de la infraestructura esencial y el fortalecimiento de la capacidad local, por ejemplo, vehículos, laboratorios, computadoras y capacitación. Sin embargo, en muchos casos no ha sido fácil mantener la capacidad de los servicios geológicos creados con asistencia de los donantes. Con frecuencia, los miembros del personal que han aumentado su valor en el mercado laboral mediante la capacitación recibida en los servicios geológicos nacionales dejan sus trabajos por otros mejor remunerados en el sector privado, y los equipos donados se deterioran. Ante la falta de mantenimiento adecuado de las bases de datos, hasta la información geológica adquirida previamente podría dejar de ser de acceso público, y podría existir el riesgo de que se pierdan los datos.

Los beneficios económicos de los datos geológicos de acceso público pueden ser decenas o miles de veces superiores a su costo (Reedman y otros, 2008). Existen, por lo tanto, sólidas razones para financiar adecuadamente los servicios geológicos. Sin embargo, en los casos en que, por algún motivo, esto no sea factible, la obtención de financiamiento a través de subsidios, entidades con fines de lucro o de carácter privado, o bien a través de alianzas público-privadas, podrían ser otras soluciones. En cualquier caso, se debe desarrollar un modelo de negocios que abarque los costos a largo plazo relacionados con el mantenimiento y la divulgación de los datos.

Catastro minero

En esta sección se incluye material de Ortega Girones, Pugachevsky y Walser (2009),
"Catastro Minero". Aquellos lectores interesados en este tema pueden consultar el
documento original.

Resulta fundamental la creación de un registro público y la aplicación de procedimientos no discrecionales y coherentes como parte del catastro minero. Estos
componentes aseguran la transparencia en la asignación de derechos mineros,
garantizan la seguridad de la tenencia y facilitan la administración de los usos
contrapuestos de la tierra (por ejemplo, en el caso de los intereses mineros frente
a las zonas protegidas). Esencialmente, el catastro minero gestiona los títulos
mineros en un país. Cuando está bien desarrollado y se complementa con
instituciones capaces del sector minero público, el catastro integra los aspectos
reglamentarios, institucionales y tecnológicos de la administración de los derechos
mineros y constituye la piedra angular de la gestión de los recursos mineros de
un país. El catastro minero cumple con las siguientes funciones:

- Procesar solicitudes de distintos tipos de licencias mineras (prospección,
  exploración y desarrollo de minas).
- Registrar los cambios y las actualizaciones de los títulos mineros cada vez que
  se otorga un título o cambia la propiedad.
- Verificar las aplicaciones de las licencias para detectar posibles superposiciones
  con reclamaciones anteriores u otros impedimentos.
- Asesorar a la autoridad otorgante sobre si una solicitud de licencia es admisible
  desde el punto de vista técnico o no.
- Garantizar el cumplimiento con el pago de los cánones y otros requisitos para
  mantener la validez de un título de minería.
- Asesorar a la autoridad otorgante sobre cuándo se debe cancelar un título
  minero.

Los siguientes principios fundamentales se han incorporado a la legislación
que rige las operaciones mineras en la mayoría de los países relevantes para el
sector:

- Los recursos minerales pertenecen al Estado.
- El derecho a explorar y explotar los recursos minerales se puede transferir
  temporalmente a un individuo o una entidad corporativa a través de un documento escrito, normalmente denominado licencia o arrendamiento.
- Los derechos mineros concedidos a través de una licencia de este tipo se
  consideran bienes raíces, pero son independientes de los derechos de superficie
  o de propiedad de la tierra.
- Los titulares de la licencia o el arrendamiento deben cumplir con condiciones
  preestablecidas para mantener sus derechos sobre la zona.
- Cuando el período de validez de la licencia o el arrendamiento culmina,
  los derechos revierten al Estado.

Existen también varias reglas básicas o principios de catastro minero que se deberían cumplir para que un catastro minero funcione adecuadamente:

- *Seguridad de tenencia.* Hace referencia a la seguridad del título, el derecho de transferir el título a cualquier tercero que reúna las condiciones necesarias y el derecho a hipotecar el título para recaudar dinero. También hace referencia a la transformación de una licencia de exploración en una licencia minera. En la mayoría de los países, los derechos mineros se dividen en licencias de exploración y licencias mineras (o de explotación). Las licencias de exploración conceden a los titulares el derecho de explorar y evaluar la viabilidad económica de los recursos minerales dentro de la zona en concesión. Si se confirma la existencia de un recurso económico, la licencia de exploración se debe transformar en una licencia minera para que el titular pueda explotarla, siempre que el titular de la licencia haya recibido todas las demás autorizaciones necesarias y haya demostrado el cumplimiento de las condiciones de la licencia existente.
  - *Seguridad del título.* Las licencias y los derechos mineros no se pueden suspender ni revocar, salvo por motivos específicos, que deben ser objetivos y no discrecionales, y que deben estar claramente especificados y detallados en el marco jurídico.
  - *"Por orden de llegada".* Las licencias de exploración se conceden "por orden de llegada", lo que significa que el primer individuo o empresa que solicita los derechos sobre una zona determinada donde podrían existir recursos minerales tendrá el derecho prioritario de que se le adjudique esa licencia o arrendamiento.
  - *Subastas.* Muchos países incluyen en su derecho minero disposiciones para subastar las zonas disponibles cuando se han evaluado los recursos o las reservas, o se los ha inferido dentro de un rango aceptable de probabilidad.

La administración eficiente de la función catastral requiere de la creación de bases de datos electrónicas. Estas bases proporcionan una lista de los emplazamientos de exploración y desarrollo minero e incluyen toda la información técnica asociada, relacionadas con las coordenadas geográficas. Todos los títulos mineros, su historial, y sus atributos específicos se deben compilar en un catastro minero moderno, que se encuentre a disposición del público a través de Internet.

Reseña de los regímenes tributarios y de regalías de las industrias extractivas

Esta sección se basa en el material de los capítulos 6 y 7 de EI Source Book *de Cameron y Stanley (2012), así como en otras fuentes. Para obtener un tratamiento en profundidad de la tributación de las IE, los lectores pueden consultar Daniel, Keen y McPherson (2010),* The Taxation of Petroleum and Minerals. *Los lectores que estén interesados en la participación subnacional en los ingresos pueden consultar*

Anderson (2012),y los interesados en el petróleo y el gas en sistemas federales, puede consultar McLure (2003), Ahmad y Mottu (2003), y Brosio (2003).

Los regímenes fiscales de las IE están compuestos por instrumentos fiscales que son comunes a todos los sectores y por instrumentos específicos del sector de las IE. La primera categoría incluye los impuestos sobre las utilidades, los impuestos al empleo, los aranceles aduaneros, el impuesto al valor agregado (IVA) y las retenciones de impuestos sobre los dividendos o los intereses. Los instrumentos fiscales específicos del sector de las IE incluyen regalías mineras, acuerdos de participación en la producción de petróleo, impuestos específicos del sector sobre la renta de las sociedades, impuestos sobre las utilidades extraordinarias o la renta provenientes de los recursos naturales y disposiciones de recuperación de costos específicas del sector de las IE. El objetivo de estos instrumentos fiscales es permitir que los Gobiernos capten una porción considerable de la renta que se genera a partir de la extracción, lo que también se denomina "participación del Gobierno" en la extracción. En esta sección se ofrece solo un breve resumen de los instrumentos fiscales de importancia.

Los instrumentos fiscales del sector de las IE se pueden evaluar y comparar en función de lo siguiente: i) el grado en que distorsionan la actividad económica, ii) su facilidad de administración o la simpleza de sus requisitos de capacidad técnica y iii) la medida en que demoran la aparición de flujos de ingresos. Los impuestos sobre las utilidades, los impuestos sobre la renta proveniente de los recursos naturales y la participación en la producción se pueden comparar usando estos tres parámetros.

Los *impuestos sobre las utilidades*, como el impuesto sobre la renta de las sociedades, generalmente se aplican a una tasa independiente y más alta para el sector de las IE. No generan distorsión a corto plazo, en el sentido de que un proyecto que es rentable antes de la deducción de impuestos también lo será después ella. (Todos los impuestos generan distorsión a largo plazo, ya que afectarán el rendimiento del capital, lo que en el sector de las IE puede tener repercusiones sobre las economías de escala óptimas y la ley de corte con la que se realizará la extracción). En otras palabras, los impuestos sobre las utilidades son neutrales (a corto plazo); los ingresos tributarios son proporcionales a las utilidades de una empresa. En cuanto a los requisitos de capacidad, los impuestos sobre las utilidades con frecuencia requieren un nivel de capacidad administrativa que va más allá de lo que las administraciones tributarias de muchos países en desarrollo pueden lograr sin asistencia externa. La administración de los impuestos sobre las utilidades requiere de auditores especializados y calificados que puedan evaluar los estados financieros de una empresa y sean capaces de abordar problemas, como los precios de transferencia abusivos, la infracapitalización o la integridad de las deducciones de costos. Debido a las altas inversiones iniciales de capital prevalentes en el sector de las IE (generalmente combinadas con disposiciones sobre la recuperación de costos para fomentar la exploración y el desarrollo por parte de los inversionistas), el uso exclusivo de los impuestos sobre las utilidades puede diferir los ingresos fiscales durante años, a veces una década o más. En los países de origen de algunos inversionistas, como Estados

Unidos y Reino Unido, los impuestos sobre las utilidades que se pagan en el país receptor reúnen las condiciones para recibir crédito por pago de impuestos en el extranjero (no así las regalías) y resultan, por lo tanto, atractivos para las empresas de dichos países.

Las *regalías* se pueden gravar como un impuesto por unidad (que es un cargo fijo y uniforme que se grava sobre una unidad de producción determinada) o *ad valorem* (que es un cargo fijo que se grava sobre el valor de la producción, es decir, los ingresos brutos). Las regalías generan distorsión (a corto y largo plazo), en el sentido de que pueden afectar las decisiones en materia de producción que son rentables antes de la deducción de impuestos. El carácter regresivo de las regalías (es decir, la tasa impositiva efectiva disminuye a medida que la rentabilidad operativa aumenta) ha impulsado la renegociación de contratos durante los períodos de auge de los precios de los recursos naturales, ya que los Gobiernos se han sentido con derecho a una parte de las utilidades extraordinarias. La misma regresividad también puede conducir a que se abandonen prematuramente los proyectos que de otro modo serían rentables durante una recesión de los precios de los productos básicos, ya que los ingresos operativos se vuelven negativos cuando las regalías aumentan con respecto a las utilidades. En las cuencas petrolíferas maduras y de alto costo, como las de Noruega y Reino Unido, se han eliminado gradualmente las regalías (Nakhle, 2010). Las regalías son relativamente simples de administrar desde el punto de vista contable, aunque requieren de una capacidad significativa y altamente especializada para la auditoría física, incluso conocimientos especializados en mineralogía para determinar la ley, el volumen y el valor de los minerales (véase el gráfico 5.2). Una gran ventaja de las regalías, como lo han visto muchos Gobiernos, es que proporcionan ingresos desde el inicio de la producción.

Los *instrumentos tributarios progresivos*, o *impuestos sobre la renta proveniente de los recursos naturales* ("sobre las utilidades extraordinarias" o las "rentas adicionales"), esencialmente añaden progresividad a los regímenes fiscales dominados por regalías (regresivas). En un número reducido de casos, los países también han intentado añadir progresividad a los impuestos sobre la renta de las sociedades que de otro modo serían neutrales, mediante la vinculación de la tasa impositiva

Gráfico 5.2 Representación estilizada del volumen, el valor y los impuestos basados en las utilidades

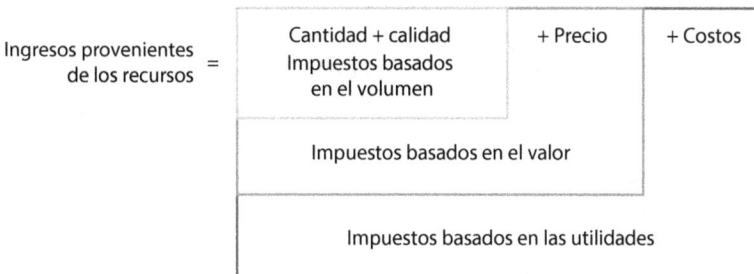

Fuente: Comilación de los autores.

El sector de las industrias extractivas • http://dx.doi.org/10.1596/978-1-4648-0612-4

con la rentabilidad. Los impuestos sobre la renta de las sociedades apuntan a la rentabilidad de las inversiones que supera el premio mínimo (ajustado en función del riesgo) necesario para que se utilice el capital (Land, 2010) o a una determinada tasa mínima de rentabilidad. En algunas ocasiones, durante los períodos de auge de los precios de los productos básicos, se han aplicado impuestos sobre la renta proveniente de los recursos naturales como resultado de la presión pública, para aumentar los ingresos del Gobierno basados originalmente en regalías regresivas. Se han usado también otros instrumentos para captar rentas extraordinarias, como participaciones en la producción de escala móvil y regalías de escala móvil ajustadas en función del precio. Los instrumentos tributarios progresivos son, en principio, neutrales, ya que están diseñados para captar una porción de las utilidades excepcionales percibidas. Sin embargo, la neutralidad requiere de un valor representativo adecuado de la rentabilidad (para dar lugar al pago adicional) que no siempre se logra. Por ejemplo, si se utiliza la producción como valor representativo, se ignoran el precio y el costo, mientras que si se utiliza el precio como valor representativo, se ignoran la producción y el costo. Un mecanismo más preciso implicaría tener en cuenta la rentabilidad real lograda por la empresa. Sin embargo, esto implica volver a la complejidad administrativa que se percibe en la tributación de las utilidades, la que puede ser un motivo importante por el cual generalmente se prefieren, en primer lugar, las regalías a los impuestos sobre las utilidades.

En el sector petrolero, la *participación en la producción* es una forma frecuente de participación del Estado (gráfico 5.3). La participación en la producción proporciona al Estado ingresos por su participación en el capital social, a través de la propiedad de la producción después de la recuperación de los costos por parte de la empresa petrolífera privada, sin que se compensen las obligaciones financieras. En cuanto a sus propiedades, la producción compartida es similar a la tributación sobre las utilidades, en el sentido de que es neutral y puede requerir la recuperación total de los costos para que el Estado empiece a percibir ingresos.

Las *bonificaciones* son pagos extraordinarios vinculados con acontecimientos concretos, como el otorgamiento o la firma de una licencia o el logro de un nivel particular de producción. Las bonificaciones por firma proporcionan una fuente de ingresos anticipada, requieren muy poca administración y pueden percibirse como especialmente positivas en contextos en los que falten muchos años para obtener otros ingresos significativos (por ejemplo, cuando existe una etapa larga de construcción de la mina). Las bonificaciones por firma podrían ascender a centenares de millones de dólares. Son neutrales en el sentido de que, una vez pagadas, no afectan las decisiones relacionadas con las inversiones o la producción. Las salvedades con respecto a las bonificaciones por firma se relacionan principalmente con el riesgo, tanto técnico como político. Por parte de la empresa, pueden existir inquietudes acerca del compromiso del Gobierno de cumplir con los plazos fiscales después del pago de la bonificación. Por parte del Gobierno, el problema es el costo de los ingresos anticipados (representados por la bonificación) en términos de ingresos fiscales e ingresos por regalías no percibidos a mediano y largo

Gráfico 5.3 Acuerdos de participación en la producción

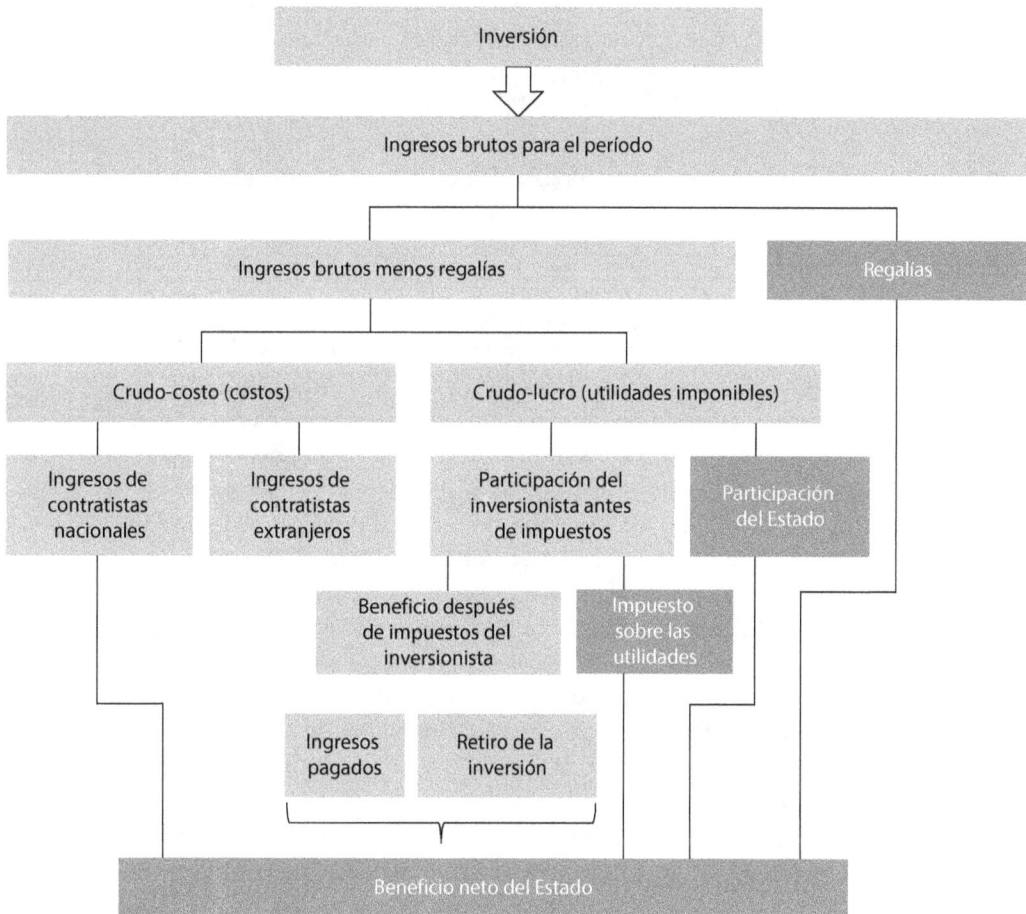

Inversión

⇓

Ingresos brutos para el período

Ingresos brutos menos regalías — Regalías

Crudo-costo (costos) — Crudo-lucro (utilidades imponibles)

Ingresos de contratistas nacionales — Ingresos de contratistas extranjeros — Participación del inversionista antes de impuestos — Participación del Estado

Beneficio después de impuestos del inversionista — Impuesto sobre las utilidades

Ingresos pagados — Retiro de la inversión

Beneficio neto del Estado

Fuente: Adaptado de Banco Central de Rusia (2011).

plazo. En ese sentido, la bonificación por firma se debe considerar en el contexto del régimen fiscal general de las IE y del valor neto actualizado (VNA) de los futuros flujos de ingresos esperados. En algunos casos, las empresas preferirán pagar las bonificaciones en varios tramos, desencadenadas por hitos que protegen la inversión desde una perspectiva técnica y de permisos.

Otros instrumentos fiscales de interés para sector de las IE son los impuestos a las ganancias de capital, las retenciones de impuestos, los derechos de importación, el IVA y las treguas tributarias.

• Los *impuestos a las ganancias de capital* se podrán aplicar cuando las licencias, las concesiones o cualquier activo cambien de manos, por ejemplo, cuando una empresa nueva y deseosa de asumir riesgos los venda a una empresa con mayor antigüedad, en el caso de un descubrimiento importante. Se puede argumentar que, para fomentar la exploración tales ventas no deberían estar sujetas a impuestos y que la empresa que haya hecho el descubrimiento debería recuperar la totalidad del premio. No obstante, los montos elevados de estos tipos de primas en los últimos años han dado lugar a argumentos de que el Estado debería percibir estas rentas.

- Las *retenciones de impuestos* sobre los dividendos y los intereses que se aplican a los accionistas o prestamistas permiten que el Gobierno grave estos tipos de flujos que, de otro modo, serían difíciles de gravar una vez transferidos al extranjero.

- Generalmente, los *derechos de importación* sobre insumos de capital se suprimen en la etapa de desarrollo del proyecto, ya que estos derechos básicamente reducirían los ingresos tributarios mediante la imposición de mayores costos (deducibles) a las empresas. Sin embargo, los insumos de capital podrían no estar eximidos de obligaciones en la etapa de producción.

- El *IVA* se aplica como un porcentaje del valor de los bienes y los servicios, y el IVA pagado sobre los insumos se acredita a cuenta del IVA pagado sobre los productos nacionales. Dado que la producción del sector de las IE generalmente se exporta, las empresas de recursos prácticamente no tienen un IVA repercutido nacional al que acreditar a cuenta el IVA soportado[1]. Algunos Gobiernos han solucionado este problema mediante la aplicación de la tasa cero al IVA de las compras nacionales destinadas a los proyectos del sector de las IE, lo que se lleva a cabo como práctica general en los sectores de exportación. A la hora de considerar el régimen de IVA para el sector de las IE, es necesario evitar que se cree un sesgo en contra de los productores nacionales, en virtud del cual las importaciones están exentas de impuestos y se gravan los insumos nacionales.

- Las *treguas tributarias*, que alguna vez fueron comunes, mayormente se han suspendido en favor de incentivos que generan menos distorsión, como las tasas de depreciación acelerada. Se determinó que las treguas tributarias reducían significativamente los ingresos tributarios, brindando incentivos a los inversionistas para acelerar, en la medida de lo posible, la extracción de minerales de alto margen antes de que finalizara la tregua tributaria (véase Aumento de la ley, capítulo 2, página 6).

Una definición clara y adecuada de las disposiciones de recuperación de costos es fundamental para la eficiencia del régimen fiscal. Las disposiciones de recuperación de costos, particularmente en los sectores del petróleo y el gas, o cuando se utilizan acuerdos de participación en la producción (APP), generalmente se subestiman en forma notoria en cuanto a la atención que se les presta en los procesos de diseño fiscal del Gobierno (Cameron y Stanley, 2012:7.2). Por otra parte, los inversionistas son plenamente conscientes de su importancia. Las disposiciones de recuperación de costos incluyen una definición de los costos recuperables, tasas de depreciación, límites de crudo-costo para los APP, incrementos en los gastos de inversión y exploración, desgravaciones sobre bienes de capital y límites de traslado de pérdidas a los ejercicios posteriores. Algunas de las cuestiones más discutidas son la recuperación de lo siguiente: i) los costos de sedes en el extranjero (generalmente limitados a un porcentaje de los costos de los proyectos); ii) los costos en concepto de interés (sujeto a límites sobre la relación deuda-capital, después de la cual el interés pagado está sujeto a retenciones de impuestos y a la aplicación de indicadores de referencia del mercado, si los préstamos están destinados a partes vinculadas; iii) los costos relacionados con las compras efectuadas a partes afiliadas (que se abordan mediante la aplicación de las reglas de la Organización para la Cooperación y el Desarrollo Económicos [OCDE] sobre los precios de transferencia o el requisito de demostrar equivalencia de precios con respecto a los de terceros [Cameron y Stanley, 2012:7.2]), y iv) el aislamiento.

El aislamiento establece un límite de recuperación de costos que se aplica a las distintas actividades o proyectos emprendidos por el mismo contribuyente, de manera que los costos asociados con una licencia, mina o yacimiento petrolífero en particular se deducen de los ingresos generados dentro de ese yacimiento únicamente. Algunos países aíslan sus actividades mineras, petroleras y de gas dentro de una persona jurídica, mientras que otros aíslan proyectos individuales. Sin este aislamiento, la recaudación de impuestos sobre los recursos podría postergarse si una empresa que emprende una serie de proyectos fuera capaz de deducir los costos de exploración y desarrollo que surgen de los nuevos proyectos de los ingresos de los proyectos que están generando una renta imponible. La ausencia de aislamiento puede ser una forma de discriminar a los nuevos participantes que no tienen ingresos de los cuales deducir los gastos de exploración o desarrollo (Nakhle, 2010). Como señala Mullins (2010), el aislamiento también implica desventajas. En algunas jurisdicciones, el aislamiento podría reducir los incentivos para que las empresas realicen nuevas exploraciones si los gastos de exploración no pudieran deducirse de los ingresos de proyectos existentes que estén generando utilidades. El aislamiento también puede fomentar la planificación tributaria si la producción secundaria con una carga tributaria menor se sitúa afuera de él (incluso en otra jurisdicción) o si los precios de transferencia abusivos que desplazan los costos afuera del aislamiento se sitúan dentro de él. Por último, el aislamiento puede resultar complejo si se aíslan algunos impuestos y otros no. La elección del aislamiento como un instrumento fiscal exige, por lo tanto, que los Gobiernos establezcan la capacidad administrativa necesaria para abordar estas cuestiones.

Mejora de la competitividad y la productividad

Las empresas de petróleo, gas y minería basan sus decisiones de inversión en los riesgos percibidos, incluidos aquellos relacionados con el entorno empresarial, el riesgo político, y el volumen y la calidad de las reservas. Cuanto mayor es el riesgo, más altas son las posibles utilidades futuras necesarias para justificar el costo de invertir en un nuevo proyecto. Análogamente, cuanto mayor es el riesgo, menos favorables serán las condiciones que la empresa estará dispuesta a ofrecer al Gobierno. De modo similar, los altos costos de hacer negocios, incluidos los regímenes jurídicos demasiado complejos o engorrosos, reducirán los incentivos de la empresa para aceptar cargas tributarias elevadas. Por el contrario, con un potencial geológico comparable, el capital de inversión ingresará en los países con estabilidad política, reglamentaciones y políticas eficaces y predecibles, tasas impositivas competitivas, infraestructura adecuada y una fuerza de trabajo calificada. Por ejemplo, uno de los principales motivos por los cuales las empresas de petróleo multinacionales que operan en Noruega han estado dispuestas a aceptar un impuesto sobre las utilidades sostenido agregado del 78 % para el sector petrolero probablemente sea que el riesgo político se considera sumamente bajo, que el entorno empresarial es favorable y muy predecible y que existe mano de obra altamente especializada disponible a nivel local.

Además de los parámetros del entorno empresarial especificados por los indicadores de *Doing Business*, del Banco Mundial, existen elementos específicos del sector de la minería. En algunos documentos reconocidos de buenas prácticas mundiales para la legislación sobre minería se mencionan otros parámetros esenciales para el entorno empresarial del sector de la minería (Gammon, 2007). Estos incluyen los siguientes:

- *Claridad*. El derecho minero que refleja las mejores prácticas internacionales suele ser conciso, mientras que la mayoría de los detalles se incluyen dentro de las reglamentaciones. La claridad ayuda a aumentar la confianza de los inversionistas en que no habrá sorpresas desagradables en la administración de la ley, además de reducir el riesgo.
- *Transparencia*. Un conjunto transparente de leyes y reglamentaciones puede aumentar la confianza de los inversionistas. La minimización del nivel de discrecionalidad otorgado a los funcionarios públicos contribuye a mejorar la transparencia, a la vez que reduce las negociaciones costosas y prolongadas.
- *Integridad*. Todas las disposiciones pertinentes deben estar reunidas en una ley, en lugar de estar distribuidas en varias legislaciones. Se debe abarcar todo el ciclo minero, incluidos los estudios geológicos, la exploración, el desarrollo, los estudios de viabilidad, la producción, la comercialización, y el cierre y la rehabilitación de la mina. Esto permite evitar la duplicación, los conflictos y las brechas entre las distintas leyes.
- *Administración*. Un ministerio técnicamente competente que administra las leyes inspira confianza en los inversionistas. Un estudio geológico con financiamiento adecuado puede ser un gran estímulo para el interés de los inversionistas en el potencial geológico. La administración moderna de los títulos mineros (con información de libre acceso en Internet) también es muy valorada por los posibles inversionistas.
- *Seguridad de tenencia*. Una empresa minera comúnmente implica numerosos riesgos iniciales y conlleva costos sustanciales. Siempre que una empresa cumpla con todos los requisitos sobre licencias, debe tener el derecho de avanzar por las etapas de exploración, desarrollo y producción.
- *Productos básicos*. Según la norma internacional, una empresa minera tiene el derecho de explorar y producir todos los minerales de una categoría determinada (como los metales base y preciosos) que se encuentren en la propiedad.

- *No discriminación.* Deben existir condiciones de igualdad para todos los posibles inversionistas. Cuando se licitan concesiones, todos los posibles inversionistas deben tener las mismas posibilidades de ganar la licitación. En el caso de las solicitudes de derechos de exploración, generalmente se aplica el método "por orden de llegada". Cualquier desviación de estas mejores prácticas internacionales puede hacer que una jurisdicción pierda rápidamente la confianza de los inversionistas y sufra una desventaja competitiva.
- *Transferibilidad de derechos.* Los diversos mecanismos de financiamiento de las enormes cantidades de capital que pueden ser necesarias para que una propiedad comience a producir generalmente implican el ingreso de un nuevo inversionista de capital o prestamista, y tener una participación en los derechos mineros puede ser una consideración importante para dicho inversionista.
- *"Úselo o piérdalo".* Para que el Estado garantice que no haya demoras excesivas en la exploración, se debe crear un sistema de licencias de exploración que impida la acumulación de grandes extensiones de tierra y que obligue al inversionista a renunciar a las tierras que no son necesarias. De este modo, se liberan zonas para que otros inversionistas las adquieran y exploren.
- *Derecho de acceso.* En la mayoría de los países, los derechos de superficie son de propiedad privada, pero los derechos mineros subterráneos son de propiedad del Estado. A fin de garantizar la explotación ordenada y responsable de los activos minerales para el beneficio de todos los ciudadanos, el derecho minero debe prever la exploración en tierras privadas. Está claro que se necesitan reglamentaciones estrictas y claras que protejan los derechos de todas las partes.
- *Información sobre los recursos minerales en el dominio público.* A fin de promover el interés de los inversionistas, los datos detallados sobre la exploración que son específicos de cada propiedad deben estar disponibles en el dominio público.
- *Régimen fiscal competitivo a nivel internacional.* La naturaleza y las tasas de un régimen fiscal de las IE pueden tener un efecto importante en los aspectos económicos de un proyecto petrolero o minero. Las condiciones del régimen fiscal deben ser competitivas a nivel internacional y, a la vez, proporcionar una recaudación adecuada para el Estado, preferentemente a través de una escala descendente vinculada con los ciclos de precios de los productos básicos.
- *Interacción del Ministerio de Minería con los demás ministerios.* Es posible que otros ministerios del Gobierno tengan responsabilidades de regulación que pueden tener un impacto considerable en el sector de la minería. Para mantener la confianza de los inversionistas en el régimen reglamentario general, es importante contar con mecanismos y procedimientos para evitar conflictos entre las diferentes disposiciones reglamentarias. La adopción formal de una política nacional de minería puede ayudar a garantizar que las leyes no se contrapongan, sino que se complementen, en su aplicación al sector de la minería.
- *Plazos de aprobación.* Es importante para las partes interesadas que el proyecto minero se lleve a cabo puntualmente. El derecho y las reglamentaciones mineras deben imponer plazos razonables, tanto para el ente regulador como para el inversionista, para las actividades de solicitud, aprobación, ejecución y presentación de informes.

Solución de controversias. Los mecanismos de solución de controversias y los procedimientos de apelación entendidos claramente son esenciales para crear un entorno reglamentario favorable.

Nota

1. En el caso de que una empresa venda su concentrado o su producto a una mina o fundición nacional, recaudará IVA repercutido y será capaz de compensarlo con el IVA soportado.

CAPÍTULO 6

Seguimiento y aplicación de los contratos: Obligaciones legales y responsabilidades institucionales

Regímenes jurídicos y contractuales

Las obligaciones legales impuestas a una empresa que opera en el sector de las IE pueden contemplarse en el derecho minero, en un contrato negociado en forma individual o dentro de modelos de contrato con excepciones especificadas. En un régimen basado exclusivamente en permisos, el Gobierno establece todas las obligaciones principales para las empresas mineras en una legislación, y las empresas solicitan permisos de exploración y extracción de acuerdo con las condiciones definidas por ley. Este marco ofrece poco margen de discreción para otorgar condiciones diferenciales a empresas que se dedican a la extracción del mismo mineral. En un régimen basado exclusivamente en contratos, las obligaciones de cada empresa se negocian de forma individual y se detallan en un contrato que generalmente se denomina acuerdo de desarrollo de minería. En la práctica, la mayoría de los países no tiene un régimen basado exclusivamente en permisos ni en contratos. Los países en desarrollo suelen tener regímenes que se encuentran en el extremo contractual del espectro.

Entre las diversas obligaciones que una empresa típica de minería o petróleo enfrenta en virtud de un contrato sobre recursos estilizado, se incluyen los regímenes fiscales, los compromisos operativos, las obligaciones ambientales, las obligaciones relativas a la seguridad de los trabajadores y las obligaciones sociales. En este capítulo, se describen las obligaciones más pertinentes para los economistas y los profesionales de las finanzas públicas, es decir, las obligaciones fiscales, ambientales y sociales. En el cuadro 6.1, se resumen las principales obligaciones contractuales, las entidades gubernamentales claves responsables del seguimiento y la aplicación, otros ministerios y organismos cuya cooperación podría ser necesaria para la aplicación eficaz, y por último, algunas de las consecuencias presupuestarias relacionadas con el seguimiento y la aplicación inadecuados de estas obligaciones contractuales. Para obtener

Cuadro 6.1 Obligaciones contractuales claves: Aplicación y consecuencias relativas al presupuesto

Tipo de obligación contractual	Naturaleza de la obligación contractual	Entidades gubernamentales con la responsabilidad principal de SyE	Otras entidades gubernamentales que participan en SyE	Posible impacto de la ineficacia de SyE en el presupuesto del Gobierno
Regímenes fiscales	Pago de impuestos, regalías, derechos de licencia y otras formas de ingresos provenientes de los recursos	• Ministerio de Hacienda • Autoridad de recaudación de ingresos	• Ministerio de Petróleo y Gas o de Minería responsable de verificar la cantidad y la calidad de los recursos, los precios de los recursos, y los costos de producción • Autoridades aduaneras y portuarias para la verificación de la cantidad de recursos exportados	• Pérdidas por concepto de recaudación de ingresos que pueden afectar la ejecución presupuestaria • Previsiones excesivamente optimistas de los ingresos provenientes de los recursos que se incorporan en las proyecciones macrofiscales
Obligaciones operativas	Presentación y cumplimiento de planes de trabajo operativos para garantizar que la exploración y la extracción se lleven a cabo puntualmente	Ministerio responsable del petróleo y el gas o de la minería	• Ministerio de Gestión Ambiental, si los planes operativos tienen impactos ambientales • Ministerio de Empleo y Trabajo, si los planes operativos tienen impactos relacionados con el empleo	Previsiones a mediano plazo poco realistas acerca de los ingresos provenientes de los recursos debido al conocimiento insuficiente de los riesgos de producción generados por los obstáculos en la ejecución de los planes de trabajo operativos
Obligaciones sociales y comunitarias	Consultas en la comunidad; construcción y mantenimiento de la infraestructura local	• Ministerio de Minería • Entidades de los Gobiernos subnacionales pertinentes	• Entidad del Gobierno central responsable de los Gobiernos subnacionales • Ministerio de Planificación	• Evaluación inexacta de las responsabilidades referentes al gasto debido a la falta de reconocimiento de costos ordinarios de mantenimiento de la infraestructura local • Evaluación inexacta de los pasivos contingentes que pueden deberse a la falta de prestación de servicios de infraestructura a nivel local
Obligaciones ambientales	Presentación de evaluaciones del impacto ambiental (EIA) y presentación y cumplimiento de planes de gestión ambiental (PGA)	• Ministerio responsable de la gestión ambiental • Ministerio responsable del petróleo y el gas o de la minería	• Ministerio de Planificación • Gobiernos subnacionales pertinentes	Falta de comprensión de los pasivos contingentes provenientes de los daños ambientales, incluidos los posibles costos del reasentamiento y la rehabilitación de las comunidades desplazadas
Obligaciones relativas a la seguridad y la salud en el trabajo	Mantenimiento de normas de seguridad y salud de los trabajadores y cumplimiento de las reglamentaciones de seguridad en el lugar de trabajo	Ministerio responsable del petróleo y el gas o de la minería	Ministerio de Empleo y Trabajo	Impacto presupuestario directo limitado, pero el incumplimiento de estas obligaciones puede causar malestar entre los trabajadores y afectar la producción

Fuente: Compilación de los autores basada en Smith y Rosenblum (2011). Cortesía del Natural Resource Governance Institute.

Nota: SyE = seguimiento y evaluación.

una lista de verificación de directrices sobre la aplicación eficaz de los contratos de recursos, véase apéndice A.

Fortalecimiento de la transparencia y la rendición de cuentas en la gestión de los contratos y los ingresos

La divulgación oportuna y periódica de información completa sobre las licencias de recursos, los contratos y los ingresos permite que los Gobiernos, las legislaturas y los ciudadanos ejerzan una función de supervisión y lleven a cabo un debate con conocimiento sobre el mejor uso de los ingresos (FMI, 2007). Dentro del Gobierno, los procedimientos transparentes y la rendición de cuentas de su ejecución, junto con la transparencia y la integridad del proceso de adjudicación de contratos, reducen el nivel de discrecionalidad de los funcionarios públicos, lo que permite una mejor supervisión. Esto aumenta la probabilidad de que los contratos se negocien y se controlen de acuerdo con las prioridades del Gobierno. La supervisión pública que es posible gracias a la transparencia en los ingresos y los contratos reduce el riesgo de que los ingresos sean captados por grupos de interés estrecho dentro del Gobierno, sin ser objeto del examen y el debate público.

El marco jurídico es el pilar fundamental de la transparencia en los recursos y constituye la base para la armonización de los intereses posiblemente divergentes de los principales grupos de partes interesadas. Entre las partes interesadas, se incluyen el Gobierno, los inversionistas privados, los propietarios de derechos de superficie y otras partes que pudieran verse afectadas por los impactos sociales y ambientales del sector de las IE. Más específicamente, la gestión de los ingresos depende en buena medida de las relaciones entre el Gobierno, las ENR y las empresas multinacionales de petróleo, gas y minería, ya que muchas transacciones derivadas de estas relaciones tienen consecuencias fiscales. Para que los flujos de ingresos sean transparentes, las funciones y responsabilidades deben establecerse claramente en el marco jurídico (FMI, 2007).

La claridad y apertura de los procedimientos de otorgamiento de licencias es el segundo pilar de transparencia en el sector de las IE, además de ser fundamental para lograr la transparencia en los ingresos durante las etapas subsiguientes de desarrollo de las minas o los yacimientos petrolíferos. En la etapa de contratación, la transparencia se refiere a la disponibilidad de información en la que se describen los contratos y las condiciones y los procedimientos para el otorgamiento de licencias, como así también al régimen reglamentario que determina el acceso a esta información. El marco normativo y la base jurídica del sistema de impuestos del Gobierno o los APP deben ponerse a disposición del público de manera clara y completa. Los gastos cuasifiscales de las ENR, a veces destinados a fines sociales o subsidios, deben definirse y describirse claramente en los documentos presupuestarios (FMI, 2007).

La Iniciativa para la Transparencia de las Industrias Extractivas (EITI) ofrece los beneficios de la transparencia a los Gobiernos, las empresas y la sociedad civil mediante la consolidación de los pagos que divulgan las empresas con la recepción de los pagos que informan los Gobiernos. En este caso, los Gobiernos se benefician de la adopción de una norma sobre transparencia reconocida a nivel internacional y, de esa manera, demuestran su compromiso con la introducción de reformas y la lucha contra la corrupción. Esto incrementa el potencial de recaudación de impuestos y genera un aumento de la confianza y la estabilidad. Las empresas se benefician de las condiciones de igualdad, en las que las compañías de la competencia están obligadas a divulgar la misma información. También se benefician del clima de inversión optimizado y más estable que permite una mejor colaboración con los ciudadanos y la sociedad civil. Los ciudadanos y la sociedad civil se benefician de la recepción de información confiable sobre el sector, como así también de la plataforma de múltiples interesados, en la que pueden exigir al Gobierno y a las empresas que rindan cuentas (EITI, 2013). Idealmente, los compromisos voluntarios de la EITI se traducirán en requisitos legales para la divulgación de ingresos y contratos.

Muchos países en desarrollo con abundancia de recursos no pueden proporcionar datos básicos agregados confiables sobre los ingresos provenientes de los recursos. En ese sentido, los registros informatizados de los impuestos sobre los recursos determinados y recaudados proporcionarán datos contables completos en valores de caja y en valores devengados. Para una mayor simplificación, los ingresos provenientes de los recursos pueden pagarse en una única cuenta bancaria designada a tal efecto, y transferirse diariamente a una cuenta del tesoro del Banco Central (que a veces se denomina fondo consolidado). Según Calder (2010), el oficial superior de contabilidad del Gobierno debe auditar la cuenta a diario para conciliarla con los registros del Banco Central. La autoridad tributaria debe contribuir a la transparencia mediante la preparación de descripciones completas de los impuestos determinados, recaudados y pagados en la cuenta.

Para garantizar la integridad, la administración de los ingresos provenientes de los recursos debe organizarse de tal modo que se minimicen las oportunidades de colusión, sin hacer que los procedimientos sean demasiado complejos. Por este motivo, Calder (2010) recomienda que el personal a cargo de las auditorías no participe en la estimación y la recaudación de ingresos de rutina, y que la auditoría sea supervisada por gerentes que no estén relacionados directamente con la auditoría. También recomienda que las tareas de auditoría sean realizadas por equipos, en lugar de individuos, y que se reasigne al personal cada varios años. Las apelaciones y los exámenes deben ser realizados por miembros del personal que no participen directamente en la toma de las decisiones que se examinan, y el derecho de apelación debe estar garantizado por un organismo independiente. Los sistemas de tecnología de la información deben identificar al miembro del personal que ingresa los datos, y estos datos deben, a su vez, estar acompañados de la referencia al documento primario. Los ingresos provenientes de los recursos deben ser auditados por un organismo independiente del Poder Ejecutivo del Gobierno, y este organismo también debe abordar los riesgos relacionados con los sistemas y procedimientos administrativos.

Seguimiento y aplicación de regímenes fiscales en el sector de las industrias extractivas

Aquellos lectores interesados en este tema pueden consultar Calder (2014), Administering Fiscal Regimes for the Extractive Industries: A Handbook; y Guj y otros (2013), How to Improve Mining Tax Administration and Collection Frameworks: A Sourcebook.

Para alcanzar su potencial de recaudación de ingresos, incluso los regímenes fiscales bien diseñados deben estar plenamente complementados por una administración eficaz de los ingresos. Dado que los ingresos potenciales del sector de las IE generalmente son muy altos, un sistema eficaz de impuestos sobre los recursos tiene posibilidades de pagar con creces los costos de operación de toda la administración tributaria.

La administración de los ingresos provenientes de las IE difiere de la administración de los impuestos regulares en algunos aspectos. La complejidad de esta administración se debe principalmente a la complejidad de los instrumentos fiscales típicos del sector, como se describe en el capítulo 5. Esta complejidad, a su vez, está impulsada por la naturaleza de la industria y sus aspectos económicos (descritos en el capítulo 2), por ejemplo, el carácter de ser no renovable, los ingresos excepcionales, el alto nivel de incertidumbre y riesgo, los períodos prolongados de operación y la inestabilidad de los precios.

Los impuestos basados en las utilidades y otros impuestos progresivos, si bien son más eficaces que las regalías para captar las utilidades derivadas de los aumentos de los precios de los productos básicos, generalmente implican una carga más pesada para las administraciones tributarias. Por lo tanto, algunos países optan por ajustar la política tributaria a la capacidad administrativa. La otra opción es implementar regímenes fiscales más sofisticados y progresivos, y abordar los desafíos administrativos mediante el establecimiento de políticas a largo plazo para el fortalecimiento de la capacidad, combinadas con apoyo externo calificado en el ínterin.

La mejor opción para un país rico en recursos y con capacidad limitada de administración de ingresos sigue siendo objeto de debate (Guj y otros, 2013), pero existe un amplio consenso en el sentido de que, actualmente, los regímenes fiscales de las IE de todo el mundo suelen ser demasiado complejos para administrarlos eficazmente (Calder, 2014). Entre tanto, algunos países industrializados con abundancia de recursos han simplificado los códigos tributarios de los sectores del petróleo, el gas y la minería, proceso que facilita considerablemente la administración tributaria. Noruega, por ejemplo, aplica un impuesto sobre las utilidades uniforme del 78 % a todas las empresas productoras de petróleo. En los países en desarrollo, por el contrario, la administración tributaria a menudo se ve complicada por los múltiples contratos individuales de extracción, cada uno de los cuales tiene condiciones diferentes y, a veces, incluye combinaciones complejas de regalías, impuestos sobre las utilidades e impuestos sobre las utilidades extraordinarias. En el sector de la minería, algunos países han reducido los costos de transacción mediante la elaboración de modelos de contratos de minería. Otros países han utilizado códigos tributarios para definir regímenes universales.

Los desafíos relacionados especialmente con la administración de los ingresos provenientes del sector de las IE surgen en la esfera de las auditorías (Guj y otros, 2013). En apariencia, una auditoría del sector de las IE debería ser más simple que la de otros sectores, ya que las IE se caracterizan por los pagos de contribuciones muy voluminosas realizados por pocas empresas. Esto marca un contraste con otras administraciones tributarias, en las que el número de contribuyentes es mucho mayor, pero los ingresos provenientes de cada contribuyente pueden ser apenas una pequeña fracción de lo que contribuye una empresa petrolera o minera. No obstante, las auditorías en el sector de las IE son relativamente complejas y requieren una alta capacidad (Calder, 2014), ya que frecuentemente incluyen el análisis de operaciones y transacciones complejas entre varias empresas que pertenecen al mismo grupo, además del control de las cuestiones relativas a la tributación de los principales accionistas. Las empresas de recursos pueden estar relacionadas con otras empresas que se encuentran en países extranjeros, y es posible que se necesite solicitar información importante a administraciones tributarias extranjeras. Los auditores responsables de los impuestos relativos a las IE también deben estar familiarizados con prácticas tales como la infracapitalización, la transferencia internacional de utilidades, y los precios de transferencia.

Otro aspecto que plantea un desafío considerable para la administración de los ingresos provenientes de las IE es la necesidad de que participen varios ministerios y organismos de todo el Gobierno (Guj y otros, 2013). Si bien en la mayoría de los demás sectores la administración tributaria es responsabilidad exclusiva del Ministerio de Hacienda, el fuerte componente técnico de los impuestos sobre las IE exige la participación del ministerio del sector de las IE y de la ENR, en el caso de que exista una. En el caso de los impuestos sobre las IE, se deben determinar correctamente la cantidad y la calidad de la producción, el precio adecuado y los costos de producción; y para cada una de estas variables, el aporte del ministerio del sector de las IE o de la ENR es fundamental (recuadro 6.1).

Por lo tanto, para que sea eficaz, la administración de los ingresos provenientes de las IE requiere la coordinación entre los ministerios del sector de las IE y el Ministerio de Hacienda (Guj y otros, 2013). Esta coordinación a menudo resulta difícil en la práctica. Para garantizar la comunicación, se deben establecer procedimientos de intercambio de información, posiblemente estipulados en la legislación, y se los debe incluir en las descripciones de funciones del personal. Otras medidas posibles incluyen la ubicación de las secciones de los diversos organismos involucrados en los impuestos sobre los recursos, e intercambios de personal o adscripciones temporales (Calder, 2010). Como se señala en el capítulo 3, que trata sobre las ENR, las mejoras prácticas indican que las ENR no deben participar en la gestión de los ingresos. Si una ENR ya participa en dicha gestión, es fundamental que exista una comunicación eficaz entre el Ministerio de Hacienda y la ENR.

Recuadro 6.1 Establecimiento de la base imponible de las industrias extractivas: Generación de los datos de producción

Para establecer la base imponible de las IE, los organismos y ministerios pertinentes del Gobierno deben tener la capacidad de verificar la cantidad, la calidad y el costo de la producción, como así también el precio de los recursos:

- *Cantidad y calidad de la producción.* Se debe contar con capacidad y equipos técnicos y de laboratorio (por ejemplo, para mineralogía) para medir o verificar la cantidad y la calidad (ley del mineral o del crudo) de la producción, las cuales, a su vez, determinan el precio. Dado que el ministerio del sector suele estar fuertemente involucrado en la inspección física diaria y la regulación del sector, resulta lógico que deba asumir la responsabilidad de inspeccionar la cantidad y la calidad de los minerales mediante análisis de las muestras para los cuales subcontratarán a laboratorios independientes. De modo similar, en el caso de los APP (que se emplean con frecuencia en el sector del petróleo), se utilizan las competencias de las empresas petroleras nacionales para medir la cantidad y la calidad del petróleo que genera utilidades para el Gobierno, y para comercializarlo y venderlo.

- *Determinación del precio de los recursos para los impuestos de las IE.* Tomar como base el precio de venta de los recursos informado por las empresas para el avalúo fiscal puede presentar riesgos importantes, especialmente los casos de los precios de transferencia entre partes conectadas, mediante los cuales los recursos se pueden "vender" a un precio menor a una empresa conectada en una jurisdicción donde el impuesto pertinente es más bajo. Para mitigar este riesgo, los precios de los recursos se pueden determinar en función de los precios de cotización en las bolsas internacionales o a través de empresas especializadas que ofrecen servicios de fijación de precios. Sin embargo, los precios de algunos productos básicos no cotizan en las bolsas internacionales; además, los precios de los recursos pueden variar según la calidad del recurso y los costos de transporte. En tales casos, es posible que el tasador deba solicitar al ministerio del sector que le facilite información y seguimiento del mercado para establecer precios franco a bordo (FOB) creíbles.

- *Determinación de los costos de producción pertinentes a los impuestos.* Para determinar los costos de producción, se necesitan habilidades considerables y la cooperación del ministerio del sector. Entre los factores que se deben considerar, se incluyen los siguientes: el tratamiento de inventarios, provisiones y reservas; el reconocimiento de costos; el "aislamiento" de los costos relacionados con actividades no relativas a la producción (de modo que se excluyan de los cálculos de los impuestos sobre los recursos); la categorización incorrecta de costos para "elevarlos" (es decir, inflar los costos reales por un porcentaje fijo a los efectos de la deducción de impuestos); las cuestiones derivadas de la infracapitalización, el *leasing* financiero, y las ganancias y pérdidas monetarias; normas y mecanismos de control de costos (según lo acordado en virtud del contrato legal, y los límites específicos del alcance de las deducciones); y por último, el tratamiento de las compensaciones de costos, como las recuperaciones de seguros, y la medida en que se pueden trasladar las pérdidas a ejercicios posteriores.

Fuente: Smith y Rosenblum (2011); Calder (2010).

Sin embargo, la necesidad de coordinación entre los diversos organismos del Gobierno no implica que la responsabilidad de la administración de los ingresos provenientes de las IE deba dividirse entre distintos ámbitos del Gobierno. Dicho enfoque tiene desventajas considerables (Calder, 2014), entre las que se incluyen la mayor complejidad; el hecho de que las empresas deben tratar con los encargados de las reglamentaciones de los minerales; las tareas duplicadas; la falta de claridad acerca de las responsabilidades; la falta de rendición de cuentas, y la gestión, los sistemas y los procedimientos no coordinados.

Por lo tanto, Calder (2014) recomienda minimizar la cantidad de organismos a cargo de los impuestos de las IE y concentrar la administración en una unidad especializada. Es probable que esto mejore la recaudación de impuestos, dado que los ingresos provenientes de las IE proceden de una cantidad muy pequeña de contribuyentes muy grandes. La unidad especializada puede ser independiente, o bien, si existen contribuyentes igualmente grandes fuera del sector de los recursos, puede estar ubicada dentro de una unidad de grandes contribuyentes (UGC). El objetivo debe ser lograr que la unidad especializada sea un centro de excelencia administrativa (Calder, 2010).

En la experiencia de muchos países en desarrollo, el establecimiento de una estructura especial para controlar el cumplimiento de los grandes contribuyentes ha generado un aumento del cumplimiento y una administración tributaria más eficaz en general. Según Baer (2002), tales avances se han logrado a través del mejor conocimiento de los grandes contribuyentes y sus operaciones, la presentación y el pago de los rendimientos de forma más precisa y oportuna, la detección precoz del incumplimiento mediante la supervisión de las obligaciones de presentación y pago, las auditorías más eficaces realizadas por auditores mejor preparados (centrados en el sector de las IE), y la reducción del saldo de los atrasos. No obstante, para evitar el riesgo de que las personas poderosas utilicen el sistema centralizado de gestión de ingresos en beneficio personal, la centralización debe estar respaldada por medidas de transparencia y control.

La distribución de la administración tributaria también puede ser regional; algunos países pueden asignar una parte de las responsabilidades relativas a los impuestos sobre los recursos a la región receptora. Cabe mencionar que las UGC más eficaces suelen incluir una supervisión fuerte y centralizada de las operaciones, mientras que las unidades considerablemente descentralizadas suelen ser las menos eficaces (Baer, 2002). Este principio probablemente sea aún más marcado en el caso de los impuestos sobre las IE, dado que se requieren habilidades técnicas especializadas.

Existen diferentes prácticas de administración de los impuestos no relacionados con los recursos que pagan las empresas de recursos (por ejemplo, las retenciones de impuestos y el IVA). La concentración de todos los impuestos correspondientes a las empresas de recursos en una oficina es conveniente para las empresas. Por otra parte, en la medida en que la administración de los impuestos no relacionados específicamente con los recursos absorba parte de la capacidad de la UGC, esto podría desviar la atención de la tarea principal referente a los impuestos sobre los recursos. Por lo tanto, Calder (2014) recomienda que los impuestos no relacionados específicamente con las industrias extractivas deben, en la mayoría de los casos, seguir dentro del régimen de administración tributaria regular, para evitar situaciones en las que la unidad de impuestos sobre los recursos termine ocupándose de innumerables impuestos que generan pocos ingresos, pagados por las mismas empresas. Estos impuestos quizá sean administrados más eficazmente por las unidades que usualmente administran tales impuestos.

Independientemente de la estructura institucional empleada, para que el sistema de impuestos sobre los recursos sea eficaz, los desequilibrios, generalmente muy grandes, en los conocimientos especializados entre los Gobiernos y las empresas de recursos deben reducirse mediante la dotación de personal adecuada y la capacitación del personal (Guj y otros, 2013). En este caso, la calidad es más importante que la cantidad. Solo se necesita una pequeña cantidad de especialistas para dotar de personal a una oficina de impuestos sobre el petróleo, el gas o la minería. El Reino Unido, con un sector petrolero relativamente complejo formado por muchos yacimientos petrolíferos pequeños, viene empleando a solo 50 empleados para este fin (Calder, 2010). Sin embargo, el personal debe estar bien calificado, capacitado y equipado con la infraestructura física y de tecnología de la información necesaria para realizar el trabajo. Es importante destacar que, para atraer y retener personal de este calibre, la oficina de impuestos de las IE debe ofrecer condiciones de trabajo y salarios competitivos (Guj y otros, 2013). Esto es especialmente crucial en un contexto donde el Gobierno y las empresas de recursos competirán a menudo por el personal más calificado. Dados los cuantiosos ingresos que frecuentemente están en juego en el sector de las IE, se puede justificar plenamente la provisión de condiciones de trabajo lo suficientemente favorables como para que el personal busque trabajo en la oficina de impuestos sobre los recursos y permanezca allí. Sin embargo, la experiencia muestra que sin apoyo político y de gestión constante, además del financiamiento adecuado y el personal calificado, incluso las UGC que son eficaces inicialmente pueden sucumbir a los mismos problemas que existían antes de su implementación (Baer, 2002).

Como se menciona en el capítulo 3, en la sección que trata sobre las ENR, muchas deben ocuparse de cierta parte de la administración tributaria, en particular de la relacionada con el petróleo que genera utilidades para el Gobierno. Sin embargo, debido a los conflictos de intereses, la participación de las ENR en la administración tributaria frecuentemente ha carecido de rendición de cuentas y transparencia. Por lo tanto, una ENR adecuadamente dotada de personal no es un sustituto de una administración tributaria calificada y competente. Al mismo tiempo, las condiciones de trabajo favorables en una ENR pueden alejar al personal de una administración tributaria responsable de la supervisión de las operaciones de esa ENR.

Salvaguardas ambientales: Garantías financieras para el desmantelamiento

Esta sección se basa, en gran parte, en Sassoon (2009),"Guidelines for the Implementation of Financial Surety for Mine Closure". *Entre otras fuentes relevantes, se incluyen el Gobierno de Nueva Gales del Sur (2010 y 2012), Peck y Sinding (2009), Proserv Offshore (2010), el Gobierno Provincial de Cabo Occidental (2005), y Banco Mundial (2010c).*

Los proyectos de minería, y en menor medida, los de petróleo y gas, tienen un impacto ambiental significativo que, si no se gestiona adecuadamente, puede generar grandes pasivos para el Gobierno por los daños causados a las aguas subterráneas y el suelo. Tales pasivos pueden oscilar entre algunos millones de dólares en el caso de una mina pequeña y más de 100 millones de dólares en el caso de una mina grande (Natural Resources Canada, 2012; Sassoon, 2009). La contaminación de las aguas subterráneas (que previamente eran aptas para el consumo humano y el riego) puede, en el peor de los casos, imponer al Gobierno pasivos relacionados con las minas que pueden ascender a varios centenares de millones de dólares. Puede ocasionar problemas de salud a la población local, hacer que las aguas subterráneas sean inadecuadas para el riego y reducir la productividad agrícola de una región. La contaminación del suelo puede inutilizar una zona para la producción agrícola y los asentamientos humanos.

El principio "el que contamina paga", expresado en la legislación y las reglamentaciones pertinentes del sector, protege al Gobierno contra tales pasivos. Por ende, la empresa de recursos tiene la responsabilidad de elaborar las EIA, los PGA y los planes de desmantelamiento, que son los instrumentos principales de la gestión ambiental. Para que estos instrumentos sean eficaces, los ministerios de gestión ambiental (y los ministerios sectoriales pertinentes) deben contar con suficiente capacidad y financiamiento para la inspección y el seguimiento ambiental. El seguimiento del cumplimiento de las normas ambientales en el sector de los recursos naturales requiere personal especializado y equipos avanzados, lo que incluye la capacidad de laboratorio para realizar análisis del agua y el suelo.

El cierre y el desmantelamiento, la última etapa del ciclo de la extracción, es la etapa que conlleva el mayor riesgo de generar grandes pasivos. El cierre de una mina se define como la conversión ordenada, segura y ecológicamente racional de una mina en funcionamiento en una mina cerrada (Natural Resources Canada, 2012). Los pasivos agregados por el desmantelamiento inadecuado de minas pueden ascender a miles de millones de dólares. En el recuadro 6.2, se incluye un ejemplo de Sudáfrica acerca de los grandes pasivos que el desmantelamiento inadecuado puede ocasionar para el Estado.

El objetivo de las actividades de cierre de una mina es restaurar la zona afectada por la minería a sus condiciones ambientales originales, previas a las operaciones de minería, además de abordar los impactos sociales del cierre de la mina. Las actividades relacionadas con el cierre de una mina incluyen las tareas de ingeniería para desmantelar y desmontar la infraestructura,

Recuadro 6.2 Sudáfrica: Grandes pasivos para el Estado ocasionados por el desmantelamiento inadecuado

Un informe de 2009 del auditor general de Sudáfrica establece que el costo estimado de rehabilitación de las minas abandonadas de Sudáfrica es de 30 000 millones de rands (US$2000 millones). Este monto se incluyó en los estados financieros del Departamento de Minerales y Energía como un pasivo contingente en los años fiscales 2007-08 y 2008-09, aunque los costos del tratamiento a largo plazo del drenaje ácido de mina y de la construcción y la operación de las plantas no se tuvieron en cuenta en los 30 000 millones de rands. Según el Consejo de Geociencias, los costos relacionados con la construcción de estas plantas probablemente asciendan hasta 5000 millones de rands (US$330 millones), más costos operativos corrientes de varios cientos de millones de rands por año. De las 5906 minas abandonadas, 1730 fueron clasificadas por el Consejo de Geociencias como minas de alto riesgo, cuya rehabilitación requerirá aproximadamente 28 500 millones de los 30 000 millones de rands.

Fuente: Adaptado del Auditor General de Sudáfrica (2009).

la rehabilitación completa, la formación de relieves con pendiente para lograr un drenaje eficaz, y la implementación de marcos de seguimiento durante la etapa posterior al cierre. Tendrán lugar tareas administrativas relacionadas con la transferencia de activos, la desmovilización de la fuerza de trabajo y acuerdos de renuncia a los derechos. El cierre de las operaciones en el sector del petróleo y el gas natural, que se conoce como "desmantelamiento y abandono", generalmente tiene impactos sociales y ambientales similares a los del desmantelamiento de minas, aunque de menor magnitud (Departamento de Energía y Cambio Climático, 2011).

Un aseguramiento financiero, o garantía financiera, es el principal instrumento financiero que se utiliza para garantizar que los pasivos ambientales no se traspasen al Gobierno al momento del cierre de una mina o del desmantelamiento de un yacimiento petrolífero. Las garantías financieras son emitidas por instituciones financieras como compañías de fianzas, bancos y compañías de seguros. Estos instrumentos garantizan que el Gobierno cuente con fondos suficientes para cubrir todos los costos en los que pueda incurrir para cumplir con los requisitos ambientales en caso de que el titular de la licencia no pueda cumplirlos o no rehabilite el medio ambiente. Esto puede suceder si una empresa de exploración o explotación minera quiebra o no cumple con sus compromisos ambientales, y la autoridad administrativa se ve obligada a rehabilitar la zona alterada por las actividades mineras.

El monto de la garantía se define como el costo de rehabilitación total máximo de la rehabilitación completa de todas las zonas alteradas (Gobierno de Queensland, sin fecha, directriz A). El emisor de la garantía financiera ("proveedor de la garantía") acepta asumir la responsabilidad por los actos u omisiones de un tercero ("mandante"), que en este caso es la empresa de minería, gas o petróleo que se encuentra en funcionamiento. Si la empresa completa el desmantelamiento del emplazamiento de extracción de acuerdo con los criterios previamente determinados, el valor de la garantía financiera se devuelve a la empresa en su totalidad, con las deducciones únicamente para las tareas adicionales que deben ser realizadas por contratistas externos. Si bien la garantía normalmente es responsabilidad del ministerio sectorial, en algunos países el Ministerio de Hacienda desempeña un papel importante en el establecimiento y la administración de dicha garantía. En el gráfico 6.1 se detallan los pasos de la gestión de las garantías financieras al momento del cierre del emplazamiento.

Existen varios tipos de garantías financieras, por ejemplo, cartas de crédito, garantías bancarias, fianzas, fondos fiduciarios y depósitos en efectivo. En el cuadro 6.2 se evalúan las ventajas y desventajas comparativas de cada uno de estos instrumentos (MonTec, 2007). En el cuadro también se incluyen las garantías de las empresas, que ya no son de uso frecuente porque se considera que no son suficientes para garantizar que la empresa cumpla con los requisitos de cierre.

Salvaguardas sociales: Fundaciones, fideicomisos y fondos comunitarios

Esta sección se basa, en gran parte, en varios documentos del Banco Mundial, entre los que se incluyen Banco Mundial (2010b), "Mining Foundations, Trusts, and Funds: A Sourcebook", *Banco Mundial (2010a),* Mining Community Development Agreements—Practical Experiences and Field Studies, *y Banco Mundial (2011b),* "Sharing Mining Benefits in Developing Countries: The Experience with Foundations, Trusts, and Funds". *Los lectores interesados en este tema pueden consultar los documentos originales.*

Gráfico 6.1 Gestión de las garantías financieras al momento del cierre del emplazamiento: Cuatro pasos administrativos

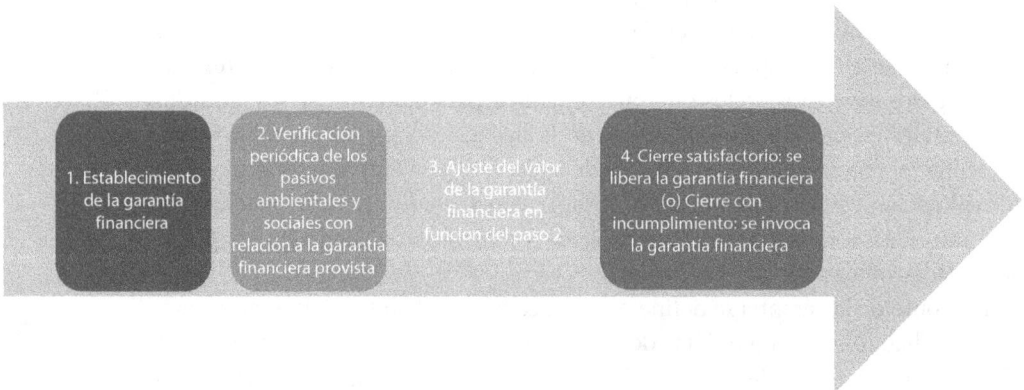

1. Establecimiento de la garantía financiera

2. Verificación periódica de los pasivos ambientales y sociales con relación a la garantía financiera provista

3. Ajuste del valor de la garantía financiera en función del paso 2

4. Cierre satisfactorio: se libera la garantía financiera (o) Cierre con incumplimiento: se invoca la garantía financiera

Fuente: Compilación de los autores.

Cuadro 6.2 Evaluación de los instrumentos de garantía financiera más utilizados

Instrumento	Ventajas	Desventajas
Carta de crédito (CC), garantía bancaria	• Tiene un costo bajo de emisión (siempre que la empresa cumpla con los requisitos del banco). • No hay capital inmovilizado. • Salidas de efectivo pequeñas del operador de la mina. • Pocos requisitos administrativos. • El Gobierno se puede reservar el derecho de aprobar los bancos de los cuales aceptará una CC, con lo cual minimiza el riesgo de incumplimiento de los bancos débiles.	• El proveedor de la garantía (banco, empresa de garantías) puede incurrir en incumplimiento. • La obtención de una CC puede reducir la capacidad de endeudamiento de la empresa minera. • La disponibilidad de fianzas depende del estado del sector de las garantías y puede verse afectada por fuerzas del mercado ajenas al sector minero.
Fianza	• Generalmente tiene costos bajos. • No hay capital inmovilizado.	• El emisor de la fianza puede incurrir en incumplimiento a largo plazo. • Las calificaciones de la empresa determinan el costo, que puede ser considerablemente superior en el caso de las pequeñas empresas (especialmente aquellas que no tienen un historial comprobado).
Fondo fiduciario	• Alto nivel de aceptación pública ("visibilidad" del fondo fiduciario). • Los fondos fiduciarios pueden revalorizarse (pero también pueden perder valor, véanse las "desventajas").	• Riesgo de gestión inadecuada del fondo fiduciario (pérdida de valor si el fondo invierte en activos de riesgo). • Es posible que el fondo fiduciario no tenga suficiente valor acumulado a través de los pagos anuales si el proyecto minero termina prematuramente. • La gestión y administración del fondo fiduciario consume parte del valor y de los ingresos obtenidos.
Depósito en efectivo	• Se puede obtener fácilmente dinero en efectivo para el cierre y la rehabilitación. • Grado de inversión. • Alto nivel de aceptación pública ("visibilidad" de la garantía). • Puede ser utilizado por las empresas mineras pequeñas y noveles, si no cumplen con los criterios de un banco.	• Un capital considerable queda inmovilizado durante el ciclo de vida de la mina, especialmente en el caso de proyectos mineros de gran envergadura. • Algunos Gobiernos pueden sentirse tentados de utilizar el dinero en efectivo depositado para fines distintos de garantizar el proyecto minero. • El dinero en efectivo es vulnerable a las pérdidas por fraude o robo.
Garantías de las empresas/institucionales	• Son las más convenientes para la empresa minera. • No inmovilizan capital. • Son simples de administrar. • Disponibilidad pública de informes anuales.	• Los informes anuales y los estados financieros no son inmunes a la manipulación (escándalos contables). • En el caso de las autogarantías, es más difícil lograr la aceptación pública. • Salvo que se mencionen como incondicionales e irrevocables, la ejecución de garantías otorgadas por empresas independientes interesadas puede resultar difícil, debido a los posibles cuestionamientos del proveedor de garantías, además del mandante. • Pueden surgir problemas relacionados con la ejecución si el proveedor de garantías es una empresa que está constituida en el exterior, o si los activos garantizados se encuentran en el extranjero.

Fuente: <http://ec.europa.eu>, derechos de autor de la Unión Europea (1995-2015); MonTec (2007).

La distribución de los beneficios de los proyectos de petróleo, gas y minería a nivel local se reconoce ampliamente como una necesidad, y en muchos países, se ha convertido en un requisito legal. La apertura de una mina puede ocasionar el desplazamiento de la población en el territorio de la concesión, e impulsar cambios en la sociedad debido a la llegada de trabajadores migrantes de otras regiones. Cuando una mina llega al final de su vida productiva, las comunidades que han crecido a su alrededor pueden padecer desempleo y desintegración social. Al igual que las cuestiones ambientales, las cuestiones sociales y sus consecuencias financieras deben tenerse en cuenta desde la primera etapa de la planificación de un proyecto de extracción. Los acuerdos de desarrollo comunitario (ADC) en los sectores del petróleo, el gas y la minería contribuyen a la reducción de las tensiones sociales relacionadas con el proceso de extracción y permiten que las comunidades y regiones afectadas, y otras comunidades y regiones admisibles, se beneficien de la extracción de los recursos naturales de las tierras en las que habitan.

Los controles sobre la distribución local de beneficios que ejerce el Gobierno central varían mucho: algunas veces no existen, pero en otros casos son estrictos. En un extremo, las empresas de recursos celebran los ADC directamente con las comunidades locales, con poca o ninguna participación del Gobierno. En el otro extremo, el Gobierno central redistribuye parte de los impuestos y las regalías que recauda de la empresa de recursos a nivel local, y la inversión de estos ingresos es implementada, en gran medida, por el Gobierno local. En las soluciones intermedias, el Gobierno central cumple una función de regulación, en la que establece y aplica procedimientos para garantizar la selección, la implementación y la evaluación adecuadas de los proyectos de inversión comunitaria financiados total o parcialmente por los ingresos provenientes de los recursos.

Si bien algunas empresas aún financian e implementan los ADC mediante pagos directos, la mayoría de las empresas generalmente prefieren utilizar alguna clase de fundaciones, fideicomisos y fondos (FFF) comunitarios. Esta preferencia por los FFF se basa en las experiencias previas: los pagos directos, en algunos casos, se han desviado y no han llegado a las comunidades beneficiarias previstas. Además, desde la perspectiva de una empresa, los FFF ofrecen una doble ventaja: separan la responsabilidad legal de los proyectos de desarrollo comunitario de la responsabilidad legal de la empresa y permiten ejecutar proyectos de desarrollo plurianuales a largo plazo que están protegidos de los ciclos presupuestarios de la empresa y las fluctuaciones de los precios de los productos básicos. Dado que los FFF actualmente están aceptados como mejores prácticas internacionales, este es el mecanismo financiero al que se hace referencia en el resto de esta sección.

Los FFF pueden ser financiados directamente por la empresa de recursos o a través de los ingresos provenientes de los impuestos sobre los minerales (transferidos nuevamente a la región minera desde el Gobierno central), o bien, mediante una combinación de ambas opciones. La recaudación de ingresos provenientes de los recursos para la implementación de los ADC depende considerablemente del tipo y el alcance de los impuestos sobre los recursos o la participación en los ingresos a nivel subnacional. En algunos países, como Chile, Papua Nueva Guinea y Sudáfrica, las empresas de recursos están obligadas por ley a aportar un porcentaje determinado de la producción o las utilidades para el desarrollo comunitario, generalmente a través de FFF. En Canadá, los aportes de fondos de las empresas para los FFF se consideran como mejores prácticas, especialmente en las zonas pertenecientes a comunidades indígenas, aunque no se pueden exigir formalmente. En otros países, como Perú, las regalías y los impuestos sobre los recursos se recaudan a nivel central y luego se canalizan a través de las administraciones de los Gobiernos locales para el desarrollo comunitario en los municipios mineros. Otros países recaudan las regalías y los impuestos sobre los recursos a nivel subnacional, parte de los cuales pueden asignarse para financiar FFF locales, o bien, combinan diversos tipos de mecanismos de recaudación de ingresos. Muchos países eximen de impuestos a los FFF, dado que los bienes y servicios que proporcionan los FFF son, en esencia, bienes públicos.

La oficina del auditor general cumple una función natural de seguimiento y auditoría si el Gobierno aporta directamente a los FFF, si el Gobierno cofinancia proyectos con los FFF o si los aportes de una empresa a los FFF forman parte de las obligaciones de la empresa especificadas en el contrato minero. Si los FFF solo reciben aportes voluntarios y ejecutan los proyectos de forma independiente de los Gobiernos locales, regionales y nacionales, en principio, aquellos que contribuyen deben asegurarse de que se lleven a cabo los procedimientos adecuados de seguimiento y auditoría. Se puede hacer una excepción en los casos en que el Gobierno local, regional o nacional realiza aportes no monetarios, por ejemplo, tierras o permisos que suponen un beneficio social específico.

Los aportes de las empresas a los FFF pueden establecerse como un porcentaje de la producción o de las utilidades. Las comunidades y los Gobiernos suelen preferir los aportes basados en la producción, precisamente porque garantizan un aporte financiero independiente de las utilidades de la empresa, mientras que las empresas quizá prefieran establecer los aportes como un porcentaje de las utilidades, o los gastos operativos o de capital, o bien, que se basen en una estimación anual de la disponibilidad de financiamiento de la empresa. La ventaja de utilizar la producción y los ingresos como bases de los aportes es que son relativamente fáciles de comprobar. En algunos casos, las empresas más pequeñas y las empresas de exploración deben aportar fondos a un fondo de desarrollo comunitario "conjunto", administrado y controlado por el Gobierno provincial pertinente. En el recuadro 6.3 se incluyen ejemplos de la forma en que los beneficios de los proyectos de las IE pueden compartirse con las comunidades locales.

Es importante garantizar que los fondos administrados por los FFF se inviertan de manera tal que se evite socavar los servicios o programas existentes, y, en la medida de lo posible, se armonicen con las iniciativas gubernamentales y de otro tipo existentes, y las complementen. Las funciones del sector y del Gobierno se deben definir claramente para evitar resultados en los que la empresa minera reemplace al Gobierno. La duplicación de la prestación de servicios o las inversiones, y por consiguiente, de los gastos, puede surgir si las actividades de los proyectos financiados por los FFF se superponen con la prestación de servicios y

Recuadro 6.3   Financiamiento para la participación de la comunidad en los beneficios: Ejemplos

Existen varias formas de compartir los beneficios de los proyectos de las IE con las comunidades locales. Algunas de ellas son la participación en los ingresos a nivel subnacional y los FFF comunitarios. Los aportes a los FFF pueden ser regulados o voluntarios.

Participación en los ingresos a nivel subnacional

Ley de Canon Minero, Perú.
La Ley de Canon Minero de Perú exige que el 50 % de los impuestos pagados por las empresas mineras al Gobierno nacional se transfieran a los Gobiernos regionales (25 %) y municipales (75 %).

Participación en los impuestos y las regalías, Madagascar.
El 42 % de los impuestos y regalías se destinan a las comunidades de extracción, el 21 % a la región y el 7 % a la provincia.

Fondo Nacional de Equiparación, Senegal.
El 20 % se destina a este fondo. De esta cantidad, las autoridades locales de las regiones mineras reciben el 60 %; el 40 % restante es compartido por otras autoridades locales del país.

Fundaciones, fideicomisos y fondos comunitarios

Fundación para el Desarrollo Newmont Ahafo, Ghana.
Se financia a través de una combinación del 1 % de las utilidades operativas netas (antes de impuestos) de la mina Ahafo Sur de Newmont y US$1 por onza de oro de Ahafo.

Convenio de Raglan, Canadá.
En 2007, cerca de US$16 millones, o 4,5 % de las utilidades de operación, se destinaron a un fideicomiso, que distribuyó el financiamiento a tres fundaciones indígenas que, a su vez, repartieron los fondos entre las 14 comunidades de la zona de Nunavik del norte de Canadá.

Fuente: Adaptado de Banco Mundial (2011b).

las inversiones gubernamentales existentes. Para aprovechar mejor los recursos, y evitar la duplicación de esfuerzos, lo ideal sería que la gestión presupuestaria y del gasto de los FFF estuviera vinculada con los planes locales y regionales de desarrollo en vigor.

La participación del Gobierno puede ser imprescindible para lograr el éxito, pero al mismo tiempo, el Gobierno debe ser independiente para actuar como un regulador creíble. Algunos argumentan que los Gobiernos regionales y nacionales no deben participar en los FFF, ya que su función de regulación y supervisión se debe mantener objetiva, y que la participación del Gobierno debe reservarse para el nivel local. Sin embargo, con frecuencia se necesita, en cierta medida, la participación de los niveles más altos del Gobierno, especialmente si hay falta de capacidad administrativa local. Los Gobiernos pueden influir en la estructura y la operación de un FFF, por ejemplo, cuando funcionarios públicos participan en la junta del FFF, establecen la obligación del cumplimiento de los planes de desarrollo locales y regionales, o toman parte en las negociaciones entre las comunidades y las empresas.

Para lograr los resultados previstos, es posible que se deba fortalecer la capacidad local de inversión. La falta de capacidad organizativa y técnica suficiente a nivel local es un desafío grave y común para la ejecución fructífera y productiva de los proyectos financiados por los FFF. La experiencia muestra que los ADC más exitosos son aquellos en los que los Gobiernos, las empresas de recursos o las ONG han invertido mucho tiempo y esfuerzo en el fortalecimiento de la capacidad de todas las partes interesadas antes del comienzo del ADC. El fortalecimiento de la capacidad no solo aborda las habilidades del Gobierno local, sino también las de los miembros de la comunidad, las organizaciones locales y otros grupos de interesados. La identificación de posibles organizaciones asociadas, con la experiencia y las habilidades necesarias para ejecutar programas amplios de fortalecimiento de la capacidad, será un componente esencial para que el desarrollo de la capacidad sea satisfactorio. Generalmente, mediante el fortalecimiento de las habilidades a nivel local se abordará la capacidad de pensamiento estratégico y el establecimiento de prioridades entre los proyectos, las previsiones presupuestarias y el análisis de costos, la presentación de informes financieros y la contabilidad, la ejecución y la gestión de proyectos, y el seguimiento y la evaluación. En el recuadro 6.4 se incluye un ejemplo de desarrollo de la capacidad local de inversión en Perú.

Recuadro 6.4 Desarrollo de la capacidad local de inversión en Perú

En la región de Cajamarca, Perú, la empresa Mineros Yanacocha quedó atrapada entre las expectativas de la población local de que sus operaciones hicieran prosperar a la región de Cajamarca y su incapacidad para garantizar que los habitantes locales recibieran beneficios importantes de los fondos públicos provenientes de las operaciones de la empresa. Los municipios receptores de los ADC no utilizaban eficazmente los fondos, y estos comenzaron a acumularse en las cuentas de los municipios como resultado de las largas demoras en el inicio de la etapa de ejecución. Además, los municipios realizaban casi exclusivamente proyectos pequeños (por ejemplo, la pavimentación de caminos) debido a que carecían de los conocimientos técnicos y de gestión especializados necesarios para administrar proyectos grandes y costosos. Estos problemas se abordaron en tres niveles:

• *Gestión de las inversiones municipales.* Se brindaron servicios de asesoramiento, en cooperación con la Corporación Financiera Internacional (IFC), para ayudar a los municipios a rediseñar su estructura orgánica y a fortalecer la capacidad para ejecutar proyectos de infraestructura de pequeña y mediana escala. Se proporcionó apoyo externo para los proyectos de infraestructura de gran envergadura, se suministró un modelo de previsiones de ingresos y se presentaron opciones a los municipios para mejorar la ejecución de los proyectos.

Recuadro continúa en siguiente página

Recuadro 6.4   Desarrollo de la capacidad local de inversión en Perú *(continúa)*

• *Gestión de las finanzas municipales.* Se capacitó al personal municipal para mejorar la presupuestación de los proyectos de inversión y aprovechar los ingresos provenientes de las regalías mineras para acceder a otras fuentes de financiamiento, con lo que se incrementaron los fondos disponibles para los proyectos de infraestructura local.

• *Transparencia y opiniones del público.* En cooperación con la Universidad de Cajamarca y la cámara de comercio local, se divulgó información sobre los fondos de desarrollo comunitario y las inversiones municipales, y se publicaron encuestas sobre estas inversiones.

    Con anterioridad a este proyecto, los alcaldes de los municipios beneficiarios consideraban que los ADC eran inadecuados, y no reconocían su propia función como autoridades a cargo de los fondos comunitarios. Una vez que se realizó la capacitación, los alcaldes reconocieron que se los consideraría responsables del uso eficaz de los recursos de desarrollo comunitario y se concentraron en mejorar la gestión municipal y financiera. Posteriormente, este programa se amplió y dio lugar a una iniciativa nacional denominada "Mejora de las Inversiones Municipales", que incluyó un sitio web con material de instrucción y actualizaciones sobre las inversiones municipales.

Fuente: Adaptado de Aguilar y Francis (2005).

Lo ideal es que, una vez que la empresa minera deja de funcionar, los fondos administrados por los FFF hayan alcanzado un volumen suficiente para financiar los gastos administrativos y los presupuestos de los proyectos durante un período prolongado de desmantelamiento y cierre. Teniendo esto en cuenta, y dado el tiempo que se necesita para crear la dotación de los FFF, los aportes de la empresa para la dotación deben comenzar a realizarse lo antes posible para brindar el máximo beneficio, aunque en el caso de los proyectos mineros, los altos costos de capital en las primeras etapas implican que la mayoría de los FFF mineros se establecen con posterioridad al inicio de la producción. En virtud de los convenios de dotación, los costos administrativos generalmente se pagan con los intereses de la inversión de dotación, mientras que los aportes periódicos del operador minero (o de otras partes) se utilizan para financiar los proyectos de desarrollo. Los costos operativos, incluido el transporte, deben considerarse en proporción al monto del financiamiento invertido en el desarrollo, y frecuentemente tienen un tope máximo de alrededor del 15 % al 20 % del gasto total (Banco Mundial, 2011b).

CAPÍTULO 7

Infraestructura e inversiones públicas

De los activos subterráneos a la inversión superficial

Aquellos lectores interesados en este tema pueden consultar Rajaram y otros (2014),
The Power of Public Investment Management. *Véase también Ossowski y Halland (de próxima aparición, en 2015),* "Gestión fiscal en países ricos en recursos", *para obtener un resumen más detallado.*

El crecimiento a largo plazo del sector de las IE y el reemplazo de la riqueza natural con capital público dependen de políticas acertadas y procedimientos sólidos de gestión de las inversiones públicas (GIP). Las decisiones sobre inversión deben reflejar los costos y los beneficios económicos y sociales, y los activos deben crearse, operarse y mantenerse eficazmente. Para evitar el desperdicio de los ingresos provenientes de los recursos naturales (gráfico 7.1), se deben establecer medidas mínimas de GIP lo más rápido posible (Rajaram, 2012).

Mejorar la eficacia de las inversiones públicas implica mejorar la selección y la ejecución de los proyectos, como así también la operación y el mantenimiento de los activos. Para ello, se necesitan análisis adecuados de costos y beneficios realizados por funcionarios gubernamentales bien preparados. En la etapa de ejecución, se necesitan procedimientos sólidos de presupuestación y adquisición para evitar la ineficacia o, si procede, la corrupción en las adquisiciones y las demoras en la terminación de los proyectos (o los proyectos incompletos). A los efectos del mantenimiento, se deben establecer y actualizar registros de activos públicos.

Las etapas de la GIP (gráfico 7.2) ofrecen un marco para evaluar la eficacia de las inversiones públicas. El sistema puede ampliarse y adaptarse a diferentes contextos de capacidad, pero en todos los casos requiere el establecimiento de autoridad y disciplina en instituciones fundamentales, como también el compromiso político con la GIP. Un requisito clave es el establecimiento de una autoridad de control que rechace *ex ante* los proyectos que estén mal definidos. Se pueden contratar exámenes de proyectos independientes para respaldar el examen de las propuestas y mejorar la credibilidad del proceso de inversión. Una forma simple

Gráfico 7.1 Filtraciones de ingresos

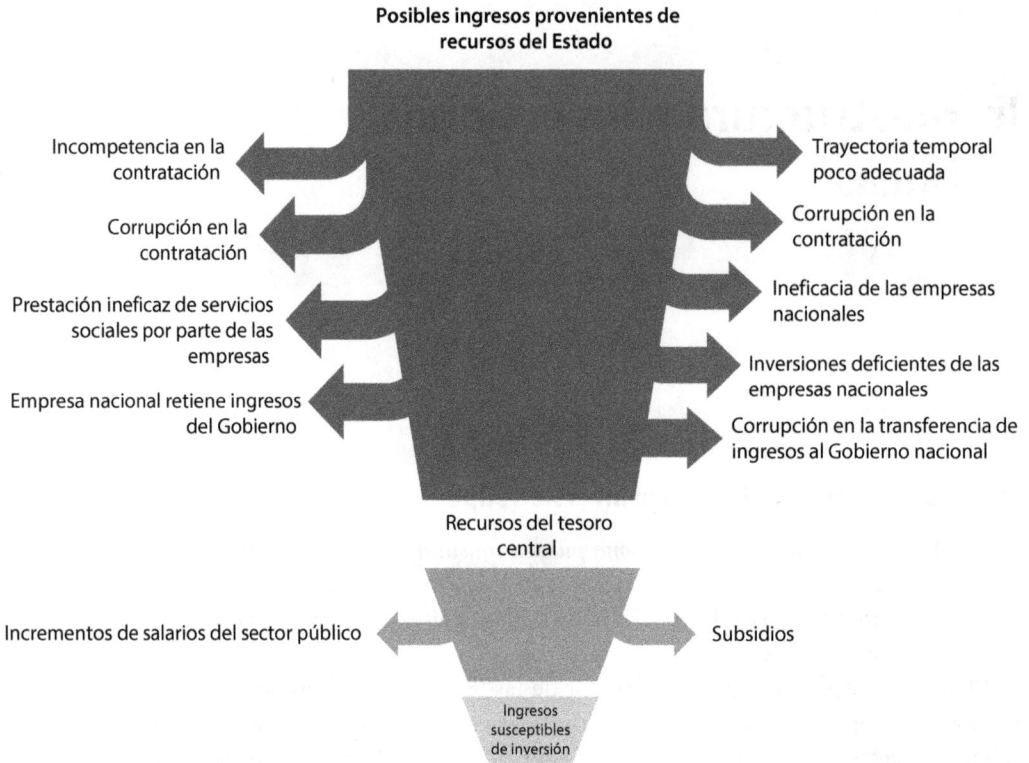

Posibles ingresos provenientes de
recursos del Estado

Incompetencia en la
contratación

Trayectoria temporal
poco adecuada

Corrupción en la
contratación

Corrupción en la
contratación

Prestación ineficaz de servicios
sociales por parte de las
empresas

Ineficacia de las empresas
nacionales

Empresa nacional retiene ingresos
del Gobierno

Inversiones deficientes de las
empresas nacionales

Corrupción en la transferencia de
ingresos al Gobierno nacional

Recursos del tesoro
central

Incrementos de salarios del sector público

Subsidios

Ingresos
susceptibles
de inversión

Fuente: Adaptado de Ascher (2008) y Rajaram (2012).

de mejorar la eficacia de las inversiones es realizar el seguimiento de la tasa de terminación de los proyectos. Los informes públicos aumentan los incentivos para que los ministros mejoren su desempeño (Rajaram, 2012). (Las etapas que se describen en el gráfico 7.2 corresponden a las etapas que se explican en detalle en el recuadro 7.1).

Inversiones en infraestructura

La Corporación Financiera Internacional ofrece un abordaje profundo de la infraestructura minera de doble uso en IFC (2013), "Fostering the Development of Greenfield Mining-Related Transport Infrastructure through Project Financing". Para obtener información sobre convenios de infraestructura financiada con recursos (IFR), véase Halland y otros (2014), "Resource Financed Infrastructure: A Discussion on a New Form of Infrstructure Financing".

Las IE tradicionalmente han sido un sector de enclave, pero las grandes inversiones en infraestructura que se realizan en este sector pueden aprovecharse para el uso público y el mayor desarrollo del sector privado. En algunos países en desarrollo, la infraestructura construida por las empresas de recursos constituye

Gráfico 7.2 Etapas de la gestión de las inversiones públicas

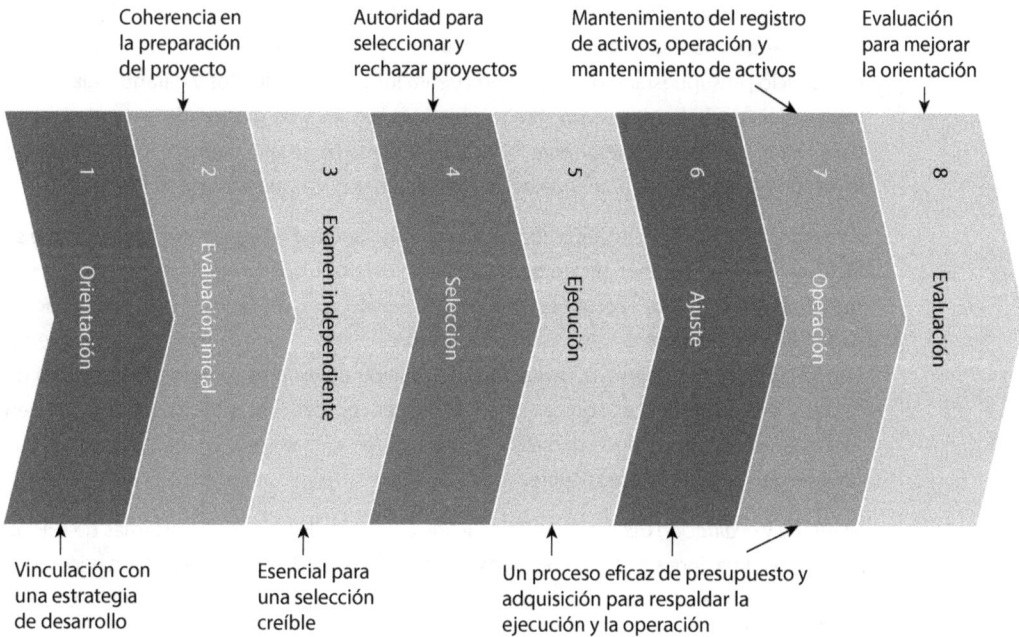

Coherencia en la preparación del proyecto

Autoridad para seleccionar y rechazar proyectos

Mantenimiento del registro de activos, operación y mantenimiento de activos

Evaluación para mejorar la orientación

1 Orientación
2 Evaluación inicial
3 Examen independiente
4 Selección
5 Ejecución
6 Ajuste
7 Operación
8 Evaluación

Vinculación con una estrategia de desarrollo

Esencial para una selección creíble

Un proceso eficaz de presupuesto y adquisición para respaldar la ejecución y la operación

Fuente: Rajaram (2012).

Recuadro 7.1 Gestión eficaz de las inversiones públicas

Las inversiones públicas de alta calidad son esenciales para el crecimiento (Gupta y otros, 2011); la gestión deficiente de las inversiones puede generar corrupción y desperdicio de recursos. El riesgo de gestión inadecuada aumenta si las inversiones se incrementan rápidamente frente a limitaciones macroeconómicas y en materia de absorción institucional (Berg y otros, 2012). La GIP eficaz se puede dividir en cuatro etapas consecutivas, cada una de las cuales tiene varios componentes individuales (Dabla-Norris y otros, 2011; Rajaram y otros, 2010):

• *Orientación estratégica y evaluación inicial del proyecto.* La orientación estratégica garantiza que los proyectos de inversión se seleccionen sobre la base de las sinergias y las perspectivas de crecimiento, y que reflejen los objetivos y las prioridades de desarrollo. Los proyectos que aprueban este primer examen deben someterse a un estudio detenido sobre la viabilidad y la sostenibilidad financieras y económicas. Para esto se requieren varios pasos, entre los que se incluyen análisis de costos y beneficios financieros y económicos, estudios de previabilidad y viabilidad, y evaluaciones de impacto ambiental y social, todos los cuales deben ser realizados por personal capacitado en la evaluación de proyectos. Asimismo, la creación de listas de posibles proyectos fortalece la rendición de cuentas.

• *Selección y presupuestación del proyecto.* Para el examen de los proyectos propuestos, se requiere una función de control políticamente independiente. La participación de expertos

Recuadro continúa en siguiente página

Recuadro 7.1 Gestión eficaz de las inversiones públicas *(Continúa)*

internacionales, junto con expertos técnicos nacionales, puede mejorar la calidad y la solidez del examen. Es necesario vincular el proceso de selección y evaluación inicial de proyectos con el ciclo presupuestario para tener en cuenta los costos ordinarios y garantizar la supervisión adecuada y la coherencia con los objetivos fiscales y de gestión de la deuda a largo plazo. Para esto se requiere un marco fiscal a mediano plazo que traduzca los objetivos de inversión en previsiones plurianuales de agregaciones presupuestarias y de fondos.

- *Ejecución del proyecto.* Esta etapa abarca una amplia variedad de elementos, entre los que se incluyen las adquisiciones eficientes, la ejecución del presupuesto en el tiempo debido, y el seguimiento y control presupuestario interno sólido. Los mecanismos de organización claros, la capacidad de gestión suficiente y la presentación de informes y el seguimiento periódicos son esenciales para evitar la subejecución de los presupuestos, la captación de rentas y la corrupción. Las adquisiciones deben ser competitivas y transparentes, y deben incluir un mecanismo de reclamaciones para proporcionar frenos y contrapesos y una función de auditoría interna creíble.

- *Auditoría y evaluación del proyecto.* En muchos países en desarrollo, los sistemas de GIP no incluyen evaluaciones *ex post* ni registros de activos adecuados. Los registros son necesarios para mantener e inventariar los activos físicos, y deben estar sujetos a auditorías externas periódicas.

Fuentes: Adaptado de Berg y otros (2012); Dabla-Norris y otros (2011).

---

una parte importante de la inversión en infraestructura total del país en general. El sector de la minería, con sus necesidades en materia de caminos y ferrocarriles de alta capacidad, generalmente incluye inversiones en infraestructura que pueden ascender a miles de millones de dólares en la etapa de desarrollo, y que frecuentemente constituyen la proporción mayor de los gastos de inversión. En IFC (2013) se examinan modelos de APP que permiten el doble uso de esta infraestructura minera, de modo tal que contribuya a la capacidad general del país en materia de caminos, ferrocarriles, puertos, generación de energía y otros tipos de infraestructura.

Para que las inversiones en la infraestructura de las IE contribuyan de manera óptima a la capacidad de infraestructura general de un país, deben coordinarse con la infraestructura existente y con los planes regionales y nacionales de desarrollo futuro de infraestructura. En este sentido, es fundamental que exista un cierto nivel de planificación regional, de modo que también se tengan en cuenta las cuestiones transfronterizas. La planificación territorial es necesaria para garantizar que las redes de infraestructura estén diseñadas para servir al interés público de manera óptima y, a la vez, mantengan el objetivo privado esencial de ser de utilidad para la mina. En algunos casos, un Gobierno puede coordinar las inversiones en infraestructura realizadas por diferentes empresas, con lo que no solo proporciona un bien público, sino que también beneficia a las empresas involucradas a través de economías de escala.

Recuadro 7.2 Análisis de la infraestructura financiada con recursos

Los acuerdos de IFR han sido utilizados por los Gobiernos para intercambiar recursos directamente por infraestructura "llave en mano". La IFR establece una relación directa entre i) los ingresos futuros del Gobierno procedentes del componente de recursos, y ii) un préstamo sin posibilidad de recurso del prestamista de la empresa de explotación de recursos o de otra institución financiera que se otorga al Gobierno para la compra de infraestructura. El préstamo se paga con los ingresos futuros comprometidos por el Gobierno provenientes de la extracción de petróleo o minerales como parte del régimen fiscal establecido. Los desembolsos del préstamo para el componente de infraestructura se pagan directamente a la empresa de construcción para cubrir los costos de construcción. La clave de la IFR es crear el vínculo sin posibilidad de recurso, utilizando un mecanismo de préstamo especial, entre los futuros ingresos provenientes de los recursos comprometidos y el financiamiento de infraestructura actual.

De acuerdo con Collier (en Halland y otros, 2014), los contratos de IFR pueden representar, en circunstancias de disciplina fiscal débil, un mecanismo de compromiso que permite que los ministros se aseguren de que los futuros encargados de la toma de decisiones dediquen una proporción considerable de los ingresos provenientes de los recursos a la acumulación de activos. A diferencia de los préstamos respaldados por recursos o las emisiones de bonos soberanos, la IFR conecta directamente los ingresos del Gobierno provenientes de la extracción de recursos con las inversiones en infraestructura. Así, la IFR permite compensar los obstáculos que impiden el acceso a los mercados de capital internacionales y eludir las limitaciones de capacidad que los Gobiernos enfrentan cuando deben ejecutar proyectos de infraestructura de gran envergadura. Otro motivo por el que las versiones existentes de las transacciones de IFR han sido consideradas atractivas por los Gobiernos quizá sea que el tipo de transacción de la IFR se percibe como una oportunidad para brindar beneficios rápidos a los ciudadanos, mientras los encargados de la toma de decisiones aún ocupan su cargo. Dado que lleva mucho tiempo desarrollar las minas y los yacimientos petrolíferos, la infraestructura podría estar en uso mucho antes de que el proyecto extractivo genere ingresos o utilidades.

A pesar de sus posibles beneficios, la IFR también conlleva riesgos y dificultades importantes. Los primeros acuerdos de IFR generalmente han finalizado de forma poco competitiva, con poca transparencia o atención a la estructuración de la transacción como un verdadero modelo de financiamiento. Esto ha planteado interrogantes relacionados con la valoración de los acuerdos: ¿en cuánta infraestructura se debe invertir hoy a cambio de una cantidad determinada de petróleo o minerales en el futuro? También ha habido inquietudes con respecto a la calidad de la infraestructura terminada y la capacidad de operación y mantenimiento, cuestiones que en un acuerdo maduro de IFR se abordarían a través de una contratación cuidadosa, ejercicios de diligencia debida, y la supervisión de la construcción realizada por una entidad independiente. Según Wells (en Halland y otros, 2014), los acuerdos de IFR deben evaluarse como cualquier otro acuerdo empresarial, deben compararse con formas alternativas de obtener beneficios de los recursos naturales o del financiamiento para infraestructura, y deben incluir salvaguardas y procedimientos de ejecución adecuados.

Fuente: Halland y otros (2014).

A fin de aprovechar la infraestructura relacionada con las IE para un mayor desarrollo del sector privado, se necesita un enfoque integral. Un corredor de recursos o una zona de desarrollo industrial, por ejemplo, pueden utilizarse para abordar la demanda de las industrias locales de bienes públicos tales como energía y transporte. Un corredor de recursos puede utilizar la infraestructura de las IE para vincular a las empresas locales con la demanda de las empresas de recursos y con los mercados en general. En este sentido, es esencial establecer programas de reglamentación de la actividad empresarial, financiamiento para pequeñas y medianas empresas (pymes), promoción de negocios y perfeccionamiento de los recursos humanos. Es posible que se necesiten regímenes reglamentarios especiales para los corredores de recursos o las zonas de desarrollo industrial cuando no sea posible abordar con eficacia el entorno empresarial del país en general. Puede ser necesario crear soluciones de financiamiento de pymes para las empresas locales que intentan ingresar en las cadenas de suministro del petróleo, el gas y la minería; la producción secundaria; o la provisión complementaria de servicios jurídicos, de ingeniería y de contabilidad o auditoría, entre otros ámbitos. También es posible que se deban abordar las limitaciones jurídicas e institucionales del acceso al financiamiento.

En las últimas décadas, los países en desarrollo con abundancia de recursos han utilizado sus recursos naturales como garantías para acceder a fuentes de financiamiento para inversiones y compensar los obstáculos que enfrentan para acceder a los préstamos bancarios y los mercados de capital convencionales. Como resultado, uno de los diversos modelos de financiamiento que surgieron es el modelo de infraestructura financiada con recursos (IFR), que se describe en el recuadro 7.2 y deriva de los anteriores modelos de financiamiento respaldados por el petróleo que varios bancos occidentales aplicaron por primera vez en África.

CAPÍTULO 8

Diversificación económica y creación de contenido local

Desarrollo de encadenamientos

Aquellos lectores interesados en el contenido local pueden consultar Tordo, Warner y Anouti (2013), "Local Content Policies in the Oil and Gas Sector".

Como se ha mencionado, las IE tradicionalmente han funcionado como enclaves que, cuando operan en países en desarrollo, generalmente llevan empleados, bienes y servicios del extranjero, con limitados efectos secundarios en el sector privado nacional. Con importantes excepciones (Canadá y Noruega, entre otras), en muchos países el sector de las IE no ha generado una elevada proporción de empleo directo para la población local y ha creado pocos encadenamientos con las empresas locales. Las empresas locales de los países en desarrollo ricos en recursos generalmente tienen dificultades para suministrar insumos al proceso de producción del sector de las IE, y se ven obstaculizadas por las engorrosas reglamentaciones relativas a la actividad económica, la falta de acceso a personal capacitado, la ausencia de habilidades de gestión, la falta de conocimientos acerca de las normas para productos internacionales y la falta de acceso al financiamiento.

La naturaleza de enclave del sector de las IE tiene una diversificación económica limitada fuera del sector en muchos países en desarrollo con abundancia de recursos.

Para contrarrestar esta tendencia y promover la diversificación económica, las políticas pueden mejorar los encadenamientos del sector de las IE con el resto de la economía (gráfico 8.1). Estos encadenamientos pueden adoptar cinco formas principales (Jourdan, 2014):

- *Encadenamientos fiscales*, a través de la recaudación de ingresos fiscales provenientes del sector de las IE y la inversión pública subsiguiente en capital físico y humano.

Gráfico 8.1 Conexión de las industrias extractivas con la economía general: Cinco tipos de encadenamientos

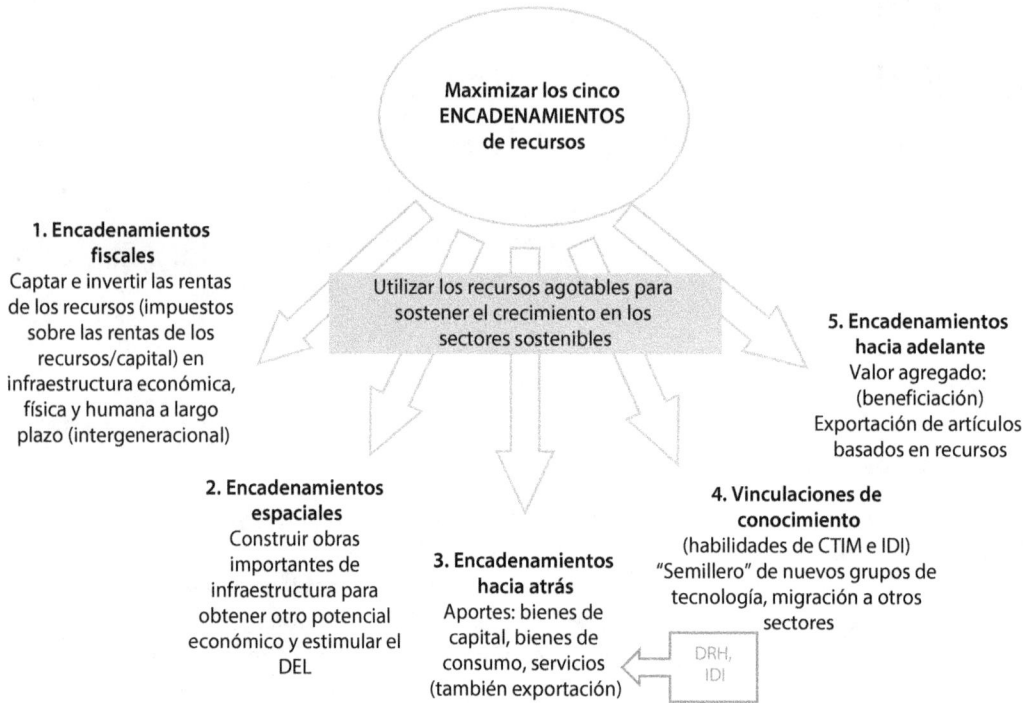

Maximizar los cinco
ENCADENAMIENTOS
de recursos

Utilizar los recursos agotables para
sostener el crecimiento en los
sectores sostenibles

**1. Encadenamientos
fiscales**
Captar e invertir las rentas
de los recursos (impuestos
sobre las rentas de los
recursos/capital) en
infraestructura económica,
física y humana a largo
plazo (intergeneracional)

**5. Encadenamientos
hacia adelante**
Valor agregado:
(beneficiación)
Exportación de artículos
basados en recursos

**2. Encadenamientos
espaciales**
Construir obras
importantes de
infraestructura para
obtener otro potencial
económico y estimular el
DEL

**3. Encadenamientos
hacia atrás**
Aportes: bienes de
capital, bienes de
consumo, servicios
(también exportación)

**4. Vinculaciones de
conocimiento**
(habilidades de CTIM e IDI)
"Semillero" de nuevos grupos de
tecnología, migración a otros
sectores

DRH,
IDI

Si no se pueden establecer los encadenamientos, sería mejor que no se explotaran los recursos de la
población. Se debe maximizar el impacto intergeneracional y en el desarrollo mientras aún exista.

Fuente: Adaptado de Jourdan (2014).
Nota: DEL = desarrollo económico local; CTIM = ciencia, tecnología, ingeniería y matemática; DRH = desarrollo de los recursos humanos;
IDI = investigación, desarrollo e innovación.

- *Encadenamientos espaciales,* para promover la utilización y el impacto de la infraestructura de las IE para el uso público y el mayor desarrollo del sector privado (como se analiza en el capítulo 7).
- *Encadenamientos de conocimiento,* a través de la investigación y el perfeccionamiento de los recursos humanos.
- *Encadenamientos hacia atrás,* a través de la participación de las empresas locales en el proceso de producción de las IE.
- *Encadenamientos hacia adelante,* a través de la promoción del valor agregado de los productos básicos de las IE.

Algunos países ricos en recursos han procurado establecer encadenamientos productivos hacia atrás, o bien contenido local. Las ventajas de ubicación y los posibles avances tecnológicos de las empresas multinacionales de petróleo, gas o minería y sus proveedores brindan a los países la oportunidad de optimizar los encadenamientos nacionales fuertes y prestar servicios complementarios.

Las empresas pueden mejorar la eficacia y reducir los costos al utilizar productores locales. El empleo de mano de obra local suele ser considerablemente menos costoso que el del personal expatriado, y los suministros locales pueden entregarse mucho antes que los que se encuentran lejos. Por estos y otros motivos, las empresas de petróleo y minería quizá prefieran subcontratar empresas locales para que realicen las actividades no esenciales (para las que no tienen una ventaja comparativa), cuando sea posible. Sin embargo, existen importantes obstáculos para la creación eficaz de contenido local. Por ejemplo, es posible que las empresas de algunas zonas no puedan cumplir con los requisitos del sector de las IE, quizá porque carecen de la capacidad en materia de recursos humanos necesaria para producir bienes y servicios complejos a la altura de las normas establecidas para su ámbito de actividad.

Los encadenamientos de conocimiento del sector de las IE son fundamentales para la diversificación económica. Muchas de las habilidades que se necesitan en el sector de los recursos naturales son transferibles y pueden constituir la base del desarrollo de otros sectores. Entre los ejemplos, se incluyen las habilidades y la capacitación en ingeniería mecánica, ingeniería civil, ingeniería eléctrica, química, contabilidad, finanzas, administración de empresas y derecho, además de oficios técnicos como soldadura, mecánica e instalación eléctrica. El aumento del nivel de los conocimientos y las habilidades nacionales en el sector de los recursos naturales eleva el nivel general del capital humano (véase el caso de Noruega en el recuadro 8.1), y es probable que mejore la capacidad de los países en desarrollo ricos en recursos para absorber la transferencia de tecnología en áreas no relacionadas con el sector de los recursos naturales.

Recuadro 8.1 La diversificación de la cadena de valor del petróleo y el gas de Noruega

A principios de la década de 1970, Noruega tenía niveles muy bajos de contenido local. La mayor parte de los bienes y servicios para la producción de petróleo mar adentro de Noruega eran proporcionados por empresas petroleras y de servicios internacionales, con sede en los Estados Unidos. Luego de tres décadas, Noruega había alcanzado niveles de contenido local superiores al 50 % en los insumos de capital y superiores al 80 % en los insumos de operación y mantenimiento. Sobre la base de las habilidades y la competitividad adquiridas al proporcionar contenido local, las empresas de Noruega que suministran bienes y servicios al sector del petróleo alcanzaron tasas de exportación del 46 % de sus ventas.

Para promover el fortalecimiento de las capacidades locales, en la primera etapa de la extracción de petróleo se alentó a las empresas petroleras internacionales a celebrar acuerdos de cooperación con unidades de investigación de universidades nacionales. Como resultado, se perfeccionaron las habilidades específicas del sector del petróleo entre

recuadro continúa en siguiente página

Recuadro 8.1 La diversificación de la cadena de valor del petróleo y el gas de Noruega *(continúa)*

el personal académico, y los programas de grado se adaptaron al sector del petróleo y las industrias relacionadas. La política se caracterizó por un sistema debidamente articulado de evaluación de los aportes de los operadores a la capacidad nacional. El apoyo financiero a la I+D se tuvo en cuenta en la adjudicación de contratos, al igual que la transferencia de habilidades y tecnología. Una tasa del impuesto sobre la renta de las sociedades del 78 % para el sector petrolero, con todos los gastos de I+D inmediatamente deducibles, proporcionó un fuerte incentivo para la inversión en I+D a nivel nacional.

A nivel de las empresas se establecieron políticas similares, para alentar a las empresas petroleras multinacionales a integrar a las empresas y compañías nacionales en los proyectos de desarrollo de gran envergadura, y se fomentaron las empresas conjuntas y los acuerdos de cooperación entre las empresas nacionales y extranjeras. Se obligó a las empresas petroleras internacionales a establecer subsidiarias plenamente operativas en Noruega. Estos acuerdos permitieron que las empresas nacionales, muchas de las cuales se especializaban en la construcción naval, convirtieran sus capacidades existentes en capacidades de producción de petróleo mar adentro.

Al seleccionar los sectores para la diversificación, Noruega eligió aquellos sectores para los que ya existían capacidades relacionadas, es decir, capacidades que podían utilizarse para actividades tales como la construcción de plataformas petroleras mar adentro y la prestación de servicios técnicos especializados al sector del petróleo. Noruega no realizó una diversificación importante hacia los sectores secundarios, a excepción de las refinerías de petróleo y las plantas de procesamiento de gas, debido a que la industria petroquímica no se percibió como un sector en el que Noruega tendría una ventaja competitiva.

Fuentes: Adaptado de Noreng (2005) y Heum (2008).

Los países han demostrado cada vez más interés en promover los encadenamientos hacia adelante a través de las llamadas políticas de beneficiación, que fomentan el valor agregado de las exportaciones de los productos básicos de las IE (pese a que existen pocas pruebas de que tales políticas puedan ser eficaces por sí solas). En el sector de la minería, las políticas de beneficiación han incluido controles de las exportaciones de productos básicos sin procesar, como así también la promoción de los sectores secundarios (por ejemplo, la fabricación de acero). Un ejemplo reciente de tales políticas es la prohibición de la exportación de níquel y cobre sin procesar que Indonesia estableció a principios de 2014; esto generó pérdidas significativas de ingresos por exportaciones y ejerció una presión al alza en los precios del níquel en contraste con otros metales (Nair y Lee, 2014). Las pruebas empíricas sobre la eficacia de las políticas de beneficiación indican que tienen escasos resultados en la promoción del valor agregado en las exportaciones (Hausman, Klinger y Lawrence, 2007). Además, las capacidades necesarias para el desarrollo de los sectores secundarios son diferentes de las de la industria extractiva primaria, y por ende, la presencia de actividades de extracción en un país no significa necesariamente que exista una ventaja comparativa para el desarrollo de actividades secundarias de procesamiento y manufactura. Esta distinción se pone de relieve nuevamente en el recuadro 8.2, que incluye una reseña de las principales cuestiones relacionadas con la beneficiación mineral.

Es posible aumentar el crecimiento concentrándose en la minería y la exportación de minerales sin procesar, y utilizando los ingresos asociados para realizar inversiones de fomento de la productividad; un ejemplo claro es el de la experiencia de Chile en la gestión de la industria del cobre. Chile es el principal exportador de cobre del mundo, con más del 40 % de las exportaciones mundiales totales en 2012; sin embargo, desde la década de 1980, Chile no se ha focalizado en el procesamiento del cobre dentro del país, sino que exporta la mayor parte de su cobre como concentrado a China e India, donde se realiza el resto del proceso de fundición. La experiencia de Chile se analiza en más detalle en el recuadro 8.3.

Los países han elegido diversas vías de diversificación económica impulsada por las IE, con distintos niveles de éxito. La creación de contenido local ha tenido resultados satisfactorios cuando los países han logrado generar las condiciones necesarias para que las empresas evolucionen hasta convertirse en actores comerciales internacionalmente competitivos en el sector.

Recuadro 8.2 Experiencia internacional en la promoción del procesamiento secundario de minerales

Las políticas tendientes a fomentar el procesamiento secundario de minerales adoptan diversas modalidades, que incluyen desde la restricción de las exportaciones de productos básicos sin procesar hasta el otorgamiento de subsidios para los sectores secundarios de procesamiento y refinado. Por ejemplo, Sudáfrica ha aplicado controles de las exportaciones de varios minerales sin procesar y ha creado programas de financiamiento para promover el valor agregado en las industrias mineras. Muchos otros países de África han seguido un rumbo similar, por ejemplo, Botswana en el sector de los diamantes, Zambia en el sector del cobre, Ghana en la industria petrolera, y Mozambique en el sector del gas natural y el carbón. En Australia, se han utilizado incentivos tributarios y subsidios a la energía para promover el sector siderúrgico secundario.

Si bien la política de promover los encadenamientos hacia adelante en el sector minero ha adquirido popularidad, sigue existiendo un amplio debate acerca de su impacto; en un estudio empírico reciente que abarca varios países (Hausman, Klinger y Lawrence, 2007), no se logró encontrar efectos positivos de la promoción del valor agregado en las exportaciones. En un amplio espectro de sectores, la reducción de los costos de transporte ha impulsado una tendencia general hacia la fragmentación mundial de las cadenas de suministro. Esta tendencia también se observa en el sector minero, donde solo un número

recuadro continúa en siguiente página

El sector de las industrias extractivas • http://dx.doi.org/10.1596/978-1-4648-0612-4

Diversificación económica y creación de contenido local

Recuadro 8.2 Experiencia internacional en la promoción del procesamiento secundario de minerales *(continúa)*

Gráfico B8.2.1 Tendencias mundiales de producción, refinado y consumo de cobre, 2013
millones de toneladas métricas

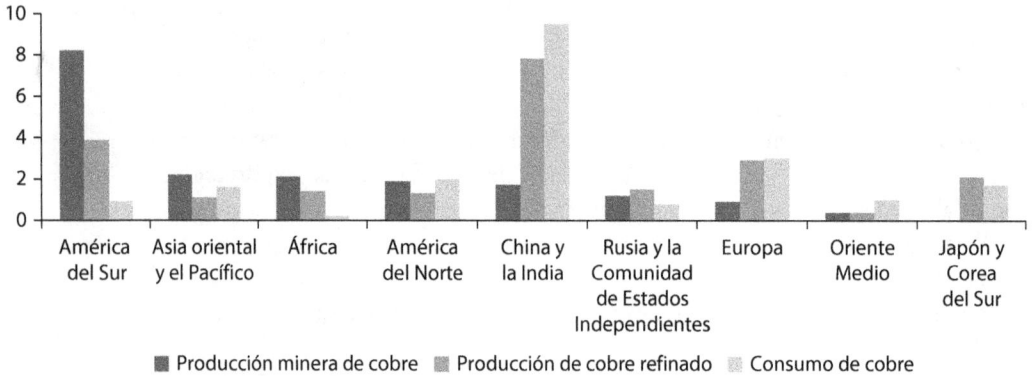

■ Producción minera de cobre   ■ Producción de cobre refinado   ▨ Consumo de cobre

Fuentes: OCDE (2010); Apoyo para el Fortalecimiento del Análisis Económico en Indonesia (SEADI) (2013); Johnson y Noguera (2012); Hausman, Klinger y Lawrence (2007); Estudio sobre metales y minerales del Servicio Geológico de los Estados Unidos (2013). Las cifras del cobre proceden del Ministerio de Energía y Recursos Minerales de Indonesia.
Nota: La región de Asia oriental y el Pacífico no excluye a China, Corea del Sur ni Japón. CEI = Comunidad de Estados Independientes.

muy reducido de países que exportan minerales sin procesar también exportan los mismos minerales en forma procesada (gráfico B8.2.1). Hausman, Klinger y Lawrence (2007) investigan la eficacia de las políticas de procesamiento secundario de minerales para mejorar el valor agregado en las exportaciones, utilizando datos sobre el comercio del período comprendido entre 1975 y 2000 de todos los países y datos sobre insumos y productos que describen los encadenamientos de las cadenas de suministro de 241 productos. Concluyen que los aumentos del valor agregado en los productos básicos primarios no están relacionados con incrementos de la proporción de valor agregado en la cesta de exportaciones del país a mediano y largo plazo.

La minería y el procesamiento de minerales son sectores distintos que requieren capacidades diferentes; un país con un sector minero importante quizá no pueda incursionar de forma rentable en el procesamiento secundario. Hausman, Klinger y Lawrence señalan que el fortalecimiento de las capacidades de procesamiento de minerales en un país ha estado históricamente vinculado con las ventajas comparativas en otros factores (como la energía), y no con el acceso a los minerales en bruto. Los principales determinantes de la ubicación de las fundiciones o refinerías de muchos minerales giran en torno a la necesidad de aportes complementarios como la energía de bajo costo, el acceso a la tierra, los controles de la contaminación y otros requisitos reglamentarios, el acceso al financiamiento de bajo costo, y las economías externas (por ejemplo, los mercados para los subproductos, etc.).

Recuadro 8.3 Infraestructura institucional para la diversificación no relacionada con los recursos en Chile

En lugar de convertirse en un fabricante y exportador industrial importante, Chile optó por desarrollar un sector de exportaciones de productos básicos dinámico y más diversificado, respaldado por su diversa base de recursos. Un elemento importante del éxito de Chile ha sido su eficaz estabilización macroeconómica. Chile también ha hecho mucho hincapié en la mejora del entorno empresarial, y los indicadores de *Doing Business* del país actualmente son los más altos de América Latina. Además, desde la década de 1980, Chile ha implementado una serie de políticas industriales "horizontales" o neutrales con respecto a los sectores, que incluyen el acceso al financiamiento para las pymes. Esta cuestión se aborda garantizando un porcentaje determinado del crédito otorgado a las pymes por instituciones financieras del sector privado, a través del Fondo de Garantía para Pequeños Empresarios. Otro bien público horizontal esencial es proporcionado por el organismo de promoción de exportaciones, ProChile, que fomenta las exportaciones en general, independientemente de los sectores.

Una regalía del 3 % proveniente de la minería se reserva para la innovación empresarial, que es aprovechada por usuarios que incluyen empresas privadas, la Fundación Chile que es semipública, y un consorcio de universidades y empresas privadas. InnovaChile, una entidad gubernamental que fomenta la innovación de las empresas, lleva a cabo una serie de actividades que incluyen i) asistencia tecnológica para pymes, que consiste en subsidios para la adopción de nuevas tecnologías; ii) donaciones destinadas a asociaciones empresariales, centros y fundaciones para la creación de normas e infraestructura tecnológica; iii) apoyo para los nodos, pequeñas oficinas administrativas que procuran conectar las necesidades tecnológicas de las empresas con proveedores nacionales o extranjeros; iv) apoyo para las incubadoras de negocios; v) apoyo para las empresas "gacela" (empresas con alto potencial de crecimiento), y vi) innovación de las empresas, que incluye el apoyo a la innovación de empresas individuales y donaciones a un consorcio de empresas e institutos universitarios, para la creación de nuevas tecnologías.

Fundación Chile proporciona financiamiento para proyectos que son más riesgosos que aquellos de los sectores ya establecidos, y que tienen pocas probabilidades de recibir un volumen de financiamiento óptimo del sector privado. A la fundación se le atribuye el mérito de haber adaptado la tecnología noruega de cultivo del salmón a las condiciones chilenas, un éxito espectacular que dio como resultado un nuevo e importante producto de exportación. El proceso mediante el cual Fundación Chile descubre, desarrolla y convierte una idea en una oportunidad de negocios es el siguiente: en la primera etapa, se identifica un producto, una tecnología o un servicio que es rentable en el extranjero y que no se utiliza en la economía nacional. En la segunda etapa, se adquiere la tecnología de producción (y su licencia, si corresponde), y se la adapta al entorno nacional a través de la investigación y el desarrollo. Si esto indica que el producto o proceso es viable desde el punto de vista comercial, la producción se amplía de acuerdo con las características del producto y los requisitos de tecnología.

Fuentes: Agosin, Larrain y Grau (2010); Benavente (2006); Gelb (2011).

Las políticas del sector de las IE tendientes a promover el valor agregado secundario, en algunos contextos, han tenido escaso éxito en la consecución del objetivo principal de mejorar los encadenamientos del sector de las IE con la economía en general. Como se pone de manifiesto en el caso de Chile (recuadro 8.3), es posible que se necesite una infraestructura institucional más amplia para que la diversificación no relacionada con los recursos tenga resultados satisfactorios.

Marcos de clasificación de recursos

Los cuatro códigos de clasificación

Los términos "recursos" y "reservas" están codificados en i) las leyes del mercado de valores de la mayoría de los países que negocian con valores de las empresas de las IE y en ii) los sistemas de contabilidad nacional. Actualmente, se utilizan cuatro códigos de clasificación principales para informar los volúmenes de recursos naturales (tras una reforma de las normas de presentación de informes que comenzó a principios de la década de 1990). El código de clasificación del Comité de Normas Internacionales para la Presentación de Informes sobre Reservas Minerales (CRIRSCO) se centra en los minerales, mientras que los códigos de clasificación del Sistema de Gestión de los Recursos de Petróleo de la Sociedad de Ingenieros del Petróleo (SPE-PRMS) se centran en los hidrocarburos. Por otra parte, la Clasificación Marco de las Naciones Unidas para la Energía Fósil y los Recursos y Reservas Minerales 2009 (CMNU-2009) y el Sistema de Contabilidad Ambiental y Económica 2012 (SCAE-2012) se aplican a todos los tipos de recursos minerales y de hidrocarburos. En ninguno de estos sistemas de clasificación se tienen en cuenta solamente criterios geológicos; también se toman en consideración criterios económicos y técnicos. Esto implica que las reservas de materiales geológicos deben reevaluarse periódicamente teniendo en cuenta los nuevos conocimientos geológicos, los avances de las tecnologías de extracción y los cambios de las condiciones económicas, legales y políticas (OCDE, 2014). Cada uno de los sistemas de clasificación se analiza con mayor detalle a continuación. Este análisis se basa, en gran parte, en el exhaustivo trabajo reciente de la OCDE (OCDE, 2014).

Comité de Normas Internacionales para la Presentación de Informes sobre Reservas Minerales (CRIRSCO)

El marco del CRIRSCO se aplica específicamente a los recursos minerales y coincide con los requisitos de presentación de informes de los principales países mineros y de las bolsas de valores en las que las empresas mineras realizan transacciones. En este marco, se incluye la mayor parte de los recursos y las reservas minerales que informan las empresas mineras que cotizan en bolsa. El valor total de las empresas mineras que cotizan en bolsas de valores con cuentas compatibles con CRIRSCO es superior al 80 % del capital que cotiza en bolsa del sector minero (CRIRSCO, 2015)[1].

Como se muestra en el gráfico A.1, el sistema de clasificación del CRIRSCO es bidimensional: el eje vertical representa la "confianza geológica", mientras que el eje horizontal se refiere a los "factores modificantes" correspondientes a varios factores socioeconómicos, como los precios de los recursos y las limitaciones jurídicas.

Se deberá prestar atención para no confundir los recursos con las reservas; los códigos de presentación de informes permiten presentar información que incluya o excluya las reservas dentro de los recursos[2]. En el código del CRIRSCO, los recursos minerales se dividen en las categorías de inferidos, indicados y medidos según la confianza con la que se conocen las características geológicas del recurso. Además, los recursos medidos e indicados pueden *convertirse (o subclasificarse)* en reservas comprobadas o probables sin información geológica adicional, si los factores modificantes (mineros, de procesamiento, metalúrgicos, de infraestructura, económicos, comerciales, jurídicos, ambientales, sociales y gubernamentales) indican que el yacimiento se puede explotar de manera rentable.

Gráfico A.1 Marco de Clasificación de Reservas y Recursos Minerales del CRIRSCO

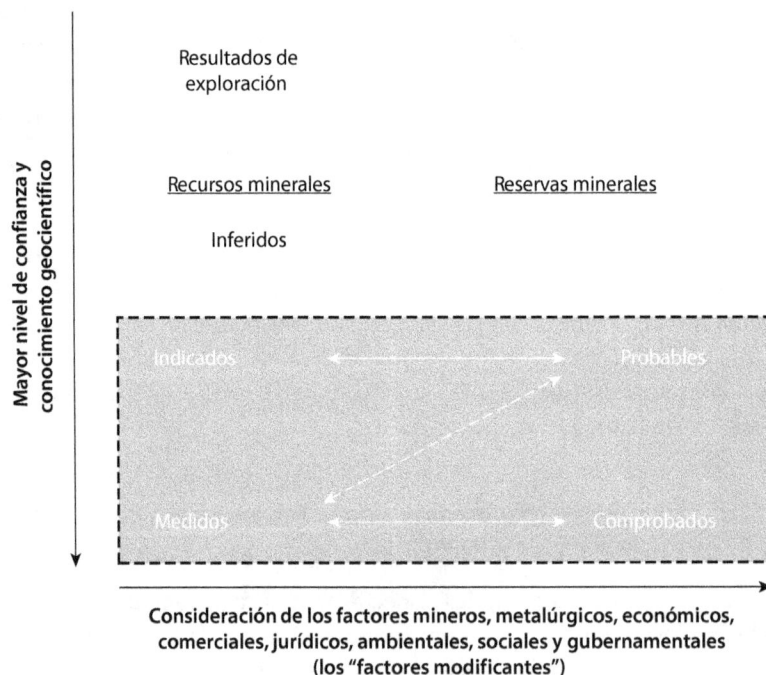

Fuente: Adaptado de CRIRSCO (2015).

Para declarar una reserva minera, la persona calificada debe realizar proyecciones razonables acerca del futuro. Algunos factores modificantes variarán durante el período de agotamiento previsto (de 5 años a 20 años o más). Por lo tanto, si un yacimiento mineral determinado se considera económicamente viable depende del horizonte cronológico y de los supuestos acerca de los futuros costos, precios, leyes y reglamentaciones, y políticas sociales y ambientales. Algunos de los factores modificantes inciertos pueden evaluarse utilizando modelos de costos estadísticos o de ingeniería elaborados para regiones con estructuras de costos similares. Otros factores modificantes deberán abordarse atendiendo a las particularidades de cada país en materia de las políticas nacionales relacionadas con impuestos, regalías, políticas sociales y reglamentaciones ambientales. Las subcategorías establecidas en el marco del CRIRSCO se definen en el recuadro A.1.

Recuadro A.1 Definiciones del sistema de clasificación del CRIRSCO

Una *reserva mineral comprobada* es la parte que se puede extraer de forma económicamente viable de un recurso mineral medido. Una reserva mineral comprobada está acompañada de un nivel alto de confianza de los factores modificantes. Una reserva mineral comprobada representa la categoría de confianza más alta de un estimado de reservas.

Una *reserva mineral probable* es la parte que se puede extraer de forma económicamente viable de un recurso minero indicado o, en algunas circunstancias, medido. La confianza en los factores modificantes que se aplica a una reserva mineral probable es inferior a la que corresponde a una reserva mineral comprobada.

Un *recurso mineral medido* es la parte de un recurso mineral cuya cantidad, ley o calidad, densidad, forma y características físicas se estiman con la confianza suficiente para permitir la aplicación de factores modificantes para respaldar la planificación detallada de la mina y la evaluación final de la viabilidad económica del yacimiento. Las pruebas geológicas se obtienen a partir de procesos detallados y confiables de exploración, muestreo y prueba, y son suficientes para confirmar la continuidad geológica y de ley o calidad entre los puntos de observación. Un recurso mineral medido está acompañado de un nivel más alto de confianza que un recurso mineral indicado o inferido. Se lo puede convertir en una reserva mineral comprobada o probable.

Un *recurso mineral indicado* es la parte de un recurso mineral cuya cantidad, ley o calidad, densidad, forma y características físicas se estiman con la confianza suficiente para permitir la aplicación de factores modificantes en suficiente detalle para respaldar la planificación de la mina y la evaluación final de la viabilidad económica del yacimiento. Las pruebas geológicas se obtienen a partir de procesos adecuadamente detallados y confiables de exploración, muestreo y prueba, y son suficientes para suponer la continuidad geológica y de ley o calidad entre los puntos de observación. Un recurso mineral indicado está acompañado de un nivel más bajo de confianza que un recurso mineral medido y puede convertirse solamente en una reserva mineral probable.

Recuadro continúa en siguiente página

Recuadro A.1 Definiciones del sistema de clasificación del CRIRSCO *(Continúa)*

Un *recurso mineral inferido* es la parte de un recurso mineral cuya cantidad y ley o calidad se estiman sobre la base de pruebas y muestreos geológicos limitados. Las pruebas geológicas son suficientes para suponer, pero no para verificar, la continuidad geológica y de ley o calidad. Un recurso inferido está acompañado de un nivel más bajo de confianza que un recurso mineral indicado y no debe convertirse en una reserva mineral. Cabe prever razonablemente que la mayoría de los recursos minerales inferidos podrían convertirse en recursos minerales indicados con una exploración constante. Un recurso mineral inferido está acompañado de un nivel más bajo de confianza que un recurso mineral indicado.

Fuente: CRIRSCO (2013).

Las definiciones siguientes provienen directamente de CRIRSCO (2013). Se recomienda a los lectores que visiten el sitio web del CRIRSCO, ya que las definiciones pueden modificarse.

Sistema de Gestión de los Recursos de Petróleo de la Sociedad de Ingenieros del Petróleo (SPE-PRMS)

El SPE-PRMS es la principal clasificación para la presentación de informes del petróleo crudo y el gas natural. El SPE-PRMS se basa en una distinción explícita entre i) el proyecto de desarrollo que se ha ejecutado (o se ejecutará) para recuperar petróleo de una o más acumulaciones y, en particular, la oportunidad de comerciabilidad de ese proyecto, y ii) el rango de incertidumbre de las cantidades de petróleo que se prevé que se producirán y se venderán en el futuro de ese proyecto de desarrollo[3].

El SPE-PRMS (al igual que el sistema del CRIRSCO) capta factores geológicos y económicos dentro de un marco bidimensional: el eje vertical corresponde al grado de comerciabilidad del recurso, mientras que el eje horizontal corresponde a su rango de incertidumbre geológica. En el eje vertical, se distinguen tres categorías principales: reservas, recursos contingentes y recursos prospectivos. Los proyectos que, por ejemplo, se clasifican en la categoría de reservas, satisfacen todos los requisitos de comerciabilidad. En el eje horizontal, se captan al menos tres estimaciones de certeza geológica sobre la cantidad que se ha de extraer. Según el nivel de comerciabilidad de la reserva o el recurso, estas estimaciones se denominan cantidades comprobadas, probables y posibles, o estimaciones bajas, mejores o altas. En el gráfico A.2, se resumen los principios fundamentales del SPE-PRMS.

En el recuadro A.2 se analizan en más detalle las definiciones correspondientes a las subcategorías del marco del SPE-PRMS.

Las definiciones siguientes provienen de SPE y otros (2011). Se recomienda a los lectores que visiten el sitio web de la SPE, ya que las definiciones pueden modificarse.

Gráfico A.2 Marco de clasificación de hidrocarburos del SPE-PRMS

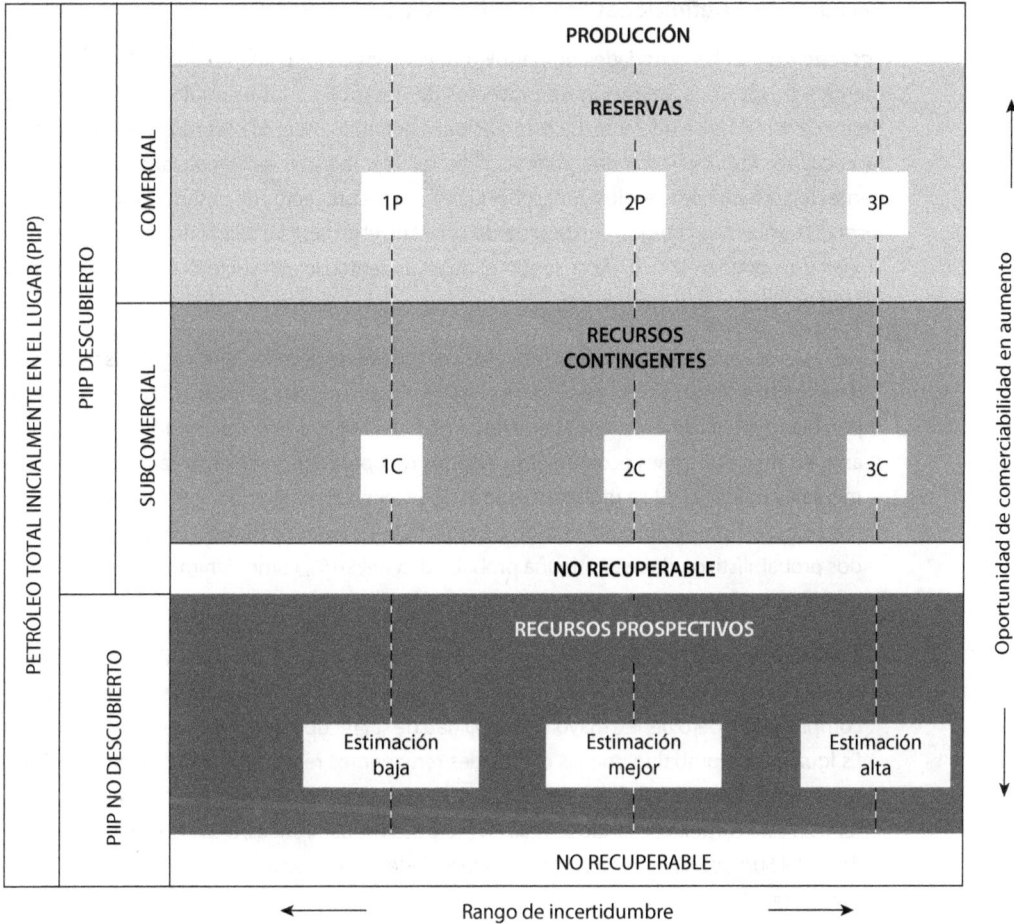

Fuente: SPE y otros (2011).

Nota: "Rango de incertidumbre" refleja un rango de cantidades estimadas potencialmente recuperables de una acumulación por un proyecto. "Oportunidad de comerciabilidad" refleja la oportunidad de que el proyecto se desarrolle y llegue a un estado de producción comercial en el futuro. 1P = reservas comprobadas; 2P = reservas comprobadas más probables; 3P = reservas comprobadas más probables más posibles.

Clasificación Marco de las Naciones Unidas para la Energía Fósil y los Recursos y Reservas Minerales 2009

El CMNU-2009 es un sistema tridimensional que capta explícitamente la viabilidad socioeconómica, además de la viabilidad geológica y de los proyectos. El CMNU-2009 es el tercer sistema principal diseñado durante la década de 1990 como un esquema de aplicación universal para clasificar o evaluar la energía y los recursos y reservas minerales.

A diferencia del sistema del CRIRSCO y del SPE-PRMS, este sistema de clasificación se considera como un marco general que abarca tanto la energía fósil como los minerales. Se basa en tres dimensiones. El primer conjunto de categorías (el eje E) designa en qué medida son favorables las condiciones sociales y

Recuadro A.2 Definiciones de la clasificación del SPE-PRMS

Las reservas son las cantidades de petróleo que se anticipan como recuperables comercial-mente a través de la aplicación de proyectos de desarrollo a las acumulaciones conocidas, desde cierta fecha en adelante, bajo condiciones definidas. Además, las reservas deben satis-facer cuatro criterios: i) estar descubiertas, ii) ser recuperables, iii) ser comerciales y iv) ser rema-nentes (en la fecha de la evaluación) sobre la base de los proyectos de desarrollo aplicados. Las reservas también se categorizan de acuerdo con el nivel de certeza relacionado con las estima-ciones y se pueden subclasificar según el afianzamiento del proyecto o caracterizar por el estado de desarrollo y producción:

- *Las reservas comprobadas* (1P) son aquellas cantidades de petróleo que, según los análisis de datos geocientíficos y de ingeniería, se puede estimar con certeza razonable que serán recu-perables comercialmente, desde una fecha dada en adelante, de reservorios conocidos y al amparo de condiciones económicas, métodos de operación y reglamentaciones guberna-mentales definidas. Si se utilizan métodos deterministas, el término "certeza razonable" se refiere a un alto nivel de confianza en que se recuperarán las cantidades. Si se utilizan méto-dos probabilísticos, debe existir una probabilidad del 90 %, como mínimo, de que las canti-dades realmente recuperadas sean iguales o superiores a la estimación.

- *Las reservas probables* son aquellas reservas adicionales que, según los análisis de datos geo-científicos y de ingeniería, tienen menos probabilidad de ser recuperadas que las reservas comprobadas, pero tienen mayor probabilidad de ser recuperadas que las reservas posibles. Es igualmente probable que las cantidades remanentes reales recuperadas sean mayores, o menores, que la suma de las reservas estimadas comprobadas más las reservas probables (2P). En este contexto, cuando se utilizan métodos probabilísticos, debe existir una probabi-lidad del 50 %, como mínimo, de que las cantidades reales recuperadas sean iguales o supe-riores a la estimación de 2P.

- *Las reservas posibles* son aquellas reservas adicionales que, según los análisis de datos geo-científicos y de ingeniería, tienen menos probabilidad de ser recuperadas que las reservas probables. Las cantidades totales finalmente recuperadas del proyecto tienen una probabi-lidad baja de superar la suma de las reservas comprobadas más las reservas probables más las reservas posibles (3P), que es equivalente a la hipótesis de estimación alta. Cuando se utilizan métodos probabilísticos, debe existir una probabilidad del 10 %, como mínimo, de que las cantidades realmente recuperadas sean iguales o superiores a la estimación de 3P.

Los recursos contingentes son aquellas cantidades de petróleo que se estima, en una fecha determinada, que son potencialmente recuperables de acumulaciones conocidas, pero los proyectos aplicados aún no se consideran suficientemente maduros para el desarrollo comer-cial debido a una o más contingencias. Los recursos contingentes pueden incluir, por ejemplo, proyectos para los que actualmente no existen mercados viables, o cuya recuperación comer-cial depende de tecnología que aún está en la etapa de desarrollo, o en los que la evaluación de la acumulación es insuficiente para evaluar claramente la comerciabilidad. Los recursos

Recuadro continúa en siguiente página

Recuadro A.2   Definiciones de la clasificación del SPE-PRMS *(Continúa)*

contingentes también pueden categorizarse de acuerdo con el nivel de certeza asociado con las estimaciones y pueden subclasificarse según el afianzamiento del proyecto o caracterizarse por el estado económico.

Los recursos prospectivos son aquellas cantidades de petróleo que se estima, en una fecha determinada, que son potencialmente recuperables de acumulaciones no descubiertas mediante la aplicación de futuros proyectos de desarrollo. Los recursos prospectivos están relacionados con una oportunidad de descubrimiento y una oportunidad de desarrollo. Los recursos prospectivos se subdividen a su vez de acuerdo con el nivel de certeza relacionado con las estimaciones de cantidades recuperables, suponiendo su descubrimiento y desarrollo, y se pueden subclasificar según el afianzamiento del proyecto.

El petróleo no descubierto inicialmente in situ es la cantidad de petróleo que se estima, en una fecha determinada, que está contenida dentro de acumulaciones que aún no se han descubierto.

No recuperable es la cantidad de petróleo descubierto o no descubierto inicialmente *in situ* que se estima, en una fecha determinada, que no será recuperable mediante futuros proyectos de desarrollo. Una parte de esta cantidad puede llegar a ser recuperable en el futuro, a medida que las circunstancias comerciales cambien o se produzcan desarrollos tecnológicos; la porción remanente probablemente nunca se pueda recuperar debido a restricciones físicas o químicas, por ejemplo, las causadas por la interacción subsuperficial de los fluidos y las rocas del reservorio.

Fuente: SPE y otros (2011).

---

económicas a la hora de establecer la viabilidad comercial del proyecto, incluida la consideración de los precios de mercado y las condiciones de naturaleza jurídica, reglamentaria, ambiental y contractual. El segundo conjunto (el eje F) designa la madurez de los estudios y compromisos necesarios para ejecutar planes o proyectos de desarrollo de minería. Esos estudios y compromisos incluyen desde las primeras actividades de exploración realizadas antes de confirmar la existencia de un yacimiento o una acumulación hasta la extracción y la venta de un producto básico, y reflejan los principios normalizados de gestión de la cadena de valor. El tercer conjunto de categorías (el eje G) designa el nivel de confianza en el conocimiento geológico y las posibilidades de recuperar las cantidades establecidas (Naciones Unidas, 2010). En el gráfico A.3, se resumen los principios fundamentales del sistema CMNU-2009.

Sistema de Contabilidad Ambiental y Económica 2012

En el SCAE-2012 se establecen parámetros para la contabilidad ambiental de los recursos naturales renovables y no renovables, y su integración en las estadísticas económicas oficiales. El sistema introduce un nuevo marco de clasificación para la presentación de informes de existencias de recursos naturales. Los yacimientos conocidos se clasifican en tres clases, cada una de las cuales se

Gráfico A.3 Sistema CMNU-2009: Principios fundamentales

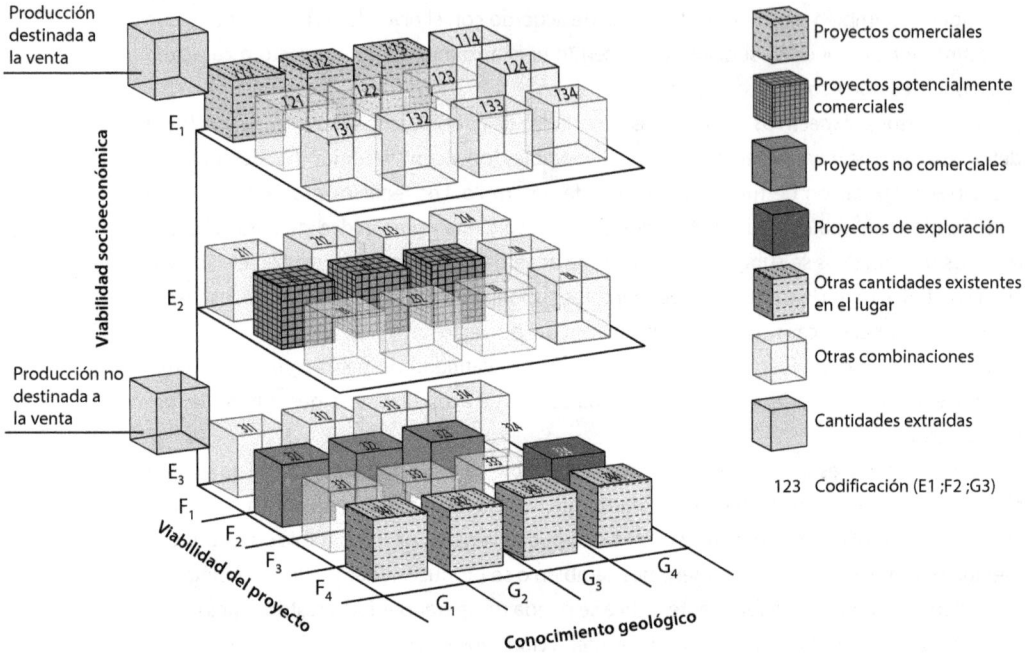

Fuente: Comisión Económica de las Naciones Unidas para Europa (Naciones Unidas, 2010).
Nota: E1 = Se ha confirmado que la extracción y la venta son económicamente viables.

E2 = Se confía en que la extracción y la venta serán económicamente viables en el futuro previsible.

E3 = No se confía en que la extracción ni la venta sean económicamente viables en el futuro previsible, o bien, la evaluación se encuentra en una etapa demasiado preliminar como para determinar la viabilidad económica.

F1 = Se ha confirmado la viabilidad de la extracción mediante un proyecto de desarrollo o una operación de minería definidos.

F2 = La viabilidad de la extracción mediante un proyecto de desarrollo o una operación de minería definidos está sujeta a una evaluación posterior.

F3 = No se puede determinar la viabilidad de la extracción mediante un proyecto de desarrollo o una operación de minería definidos debido a la limitación de los datos técnicos.

F4 = No se ha identificado un proyecto de desarrollo ni una operación de minería.

G1 = Cantidades asociadas con un yacimiento conocido que pueden estimarse con un nivel de confianza alto.

G2 = Cantidades asociadas con un yacimiento conocido que pueden estimarse con un nivel de confianza moderado.

G3 = Cantidades asociadas con un yacimiento conocido que pueden estimarse con un nivel de confianza bajo.

define en función de una combinación de los criterios del sistema CMNU-2009 (véase el cuadro A.1 para obtener más información sobre las categorías mencionadas):

- *Clase A: Recursos comercialmente aprovechables.* Esta clase comprende los yacimientos de proyectos que están comprendidos en las categorías E1 y F1 y en los que el nivel de confianza de los conocimientos geológicos es alto (G1), moderado (G2) o bajo (G3).
- *Clase B: Recursos con posibilidades de aprovechamiento comercial.* Esta clase comprende los yacimientos de los proyectos que están comprendidos en las categorías E2 (o, eventualmente, E1) y al mismo tiempo en las categorías F2.1 o F2.2, y en los que el nivel de confianza en los conocimientos geológicos es alto (G1), moderado (G2) o bajo (G3).

Cuadro A.1 Clases del SCAE-2012 y categorías correspondientes del sistema CMNU-2009

	Clases del SCAE	**E** *Viabilidad económica y social*	**F** *Situación y viabilidad del proyecto sobre el terreno*	**G** *Conocimientos geológicos*
			Categorías de proyectos correspondientes de la CMNU-2009	
Yacimientos conocidos	A: Recursos comercialmente aprovechables	E1. Se ha confirmado la viabilidad económica de la extracción y la venta.	F1. Se ha confirmado la viabilidad de la extracción mediante un proyecto de desarrollo o una operación de minería definidos.	
	B: Recursos con posibilidades de aprovechamiento comercial	E2. Se confía en que la extracción y la venta serán económicamente viables en el futuro previsible.	F2.1 Se están ejecutando actividades del proyecto para justificar el desarrollo en el futuro previsible. O F2.2 Las actividades del proyecto están suspendidas o la justificación de un desarrollo comercial puede ser objeto de un retraso importante.	Cantidades asociadas con un yacimiento conocido que pueden estimarse con un nivel de confianza alto (G1), moderado (G2) o bajo (G3).
	C: Yacimientos no comerciales y otros yacimientos conocidos	E3. No se confía en que la extracción y la venta sean económicamente viables en el futuro previsible, o bien, la evaluación se encuentra en una etapa demasiado temprana para determinar la viabilidad económica.	F2.2 Las actividades del proyecto están suspendidas o la justificación de un desarrollo comercial puede ser objeto de un retraso importante. O F2.3 No hay planes actuales de desarrollo ni de obtención de nuevos datos por el momento, debido a que el potencial es limitado. O F4. No se ha identificado proyectos de desarrollo ni operaciones de minería.	
Yacimientos posibles (no incluidos en el SCAE)	Proyectos de exploración Otras cantidades existentes en el lugar	E3. No se espera que la extracción y la venta sean económicamente viables en el futuro previsible, o la evaluación se encuentra en una etapa demasiado temprana para determinar la viabilidad económica.	F3. No se puede determinar la viabilidad de la extracción mediante un proyecto de desarrollo o una operación de minería definidos debido a la limitación de los datos técnicos. O F4. No se han identificado proyectos de desarrollo ni operaciones de minería.	Cantidades estimadas de un posible yacimiento, sobre la base principal de pruebas indirectas (G4).

Fuente: Adaptado de OCDE (2014).

- *Clase C: Yacimientos no comerciales y otros yacimientos conocidos.* Son los recursos de los proyectos que están comprendidos en la categoría E3, cuya viabilidad se clasifica como F2.2, F2.3 o F4, y en los que el nivel de confianza en los conocimientos geológicos es alto (G1), moderado (G2) o bajo (G3).

Los yacimientos excluyen aquellos potenciales yacimientos que carecen de previsiones de ser económicamente viables, de información adecuada para determinar la viabilidad de extracción, y de los que no existe confianza suficiente en los conocimientos geológicos. En el cuadro A.1, se incluye una reseña de las definiciones de las clases de recursos, sobre la base de los criterios del sistema CMNU-2009.

Tipos de rentas económicas

Rentas de Hotelling o costos del usuario

En 1931, Harold Hotelling, un economista estadounidense, publicó un artículo pionero titulado "The Economics of Exhaustible Resources". En el artículo, se mencionaba que las empresas que explotan un recurso no renovable se comportan de manera diferente que las empresas que dependen de recursos renovables o ilimitados. Hotelling señaló que las empresas que utilizan recursos no renovables incurren en un costo de oportunidad, además de los costos de producción, en el proceso de fabricación de productos básicos de minerales o hidrocarburos limitados. Esto se debe a que el aumento de la producción en una unidad más en el presente, en lugar de dejar los recursos minerales necesarios en el terreno, reduce los recursos minerales disponibles en el futuro (Otto y otros, 2006).

Específicamente, el costo de oportunidad, o "renta de Hotelling" o "costo del usuario", es el VNA de las utilidades futuras que se pierden porque los recursos minerales se reducen en una unidad adicional de producción en el presente. En función de este marco, las empresas competitivas y orientadas a maximizar su rentabilidad que fabrican productos básicos minerales solo expandirán su producción hasta el punto en el que el precio de mercado equivalga a los costos de producción de la última unidad más su costo de oportunidad. De lo contrario, la rentabilidad de la empresa se incrementa deteniendo la producción en el presente y ahorrando los recursos minerales para el futuro.

La renta de Hotelling no es en realidad una "renta", y aplicarle impuestos genera una distorsión. Algunos autores prefieren el término "costo del usuario" a "renta de Hotelling", porque si el precio de mercado no cubre este costo de oportunidad más los costos actuales de producción, un productor orientado a maximizar su rentabilidad estará incentivado a cerrar las operaciones y dejar los recursos en el terreno para que se agoten en el futuro. Por ende, el costo del usuario (o renta de Hotelling, o renta de escasez) refleja los costos reales y no es una renta económica en absoluto. Como resultado, su recaudación a través de impuestos genera una distorsión a corto y largo plazo, en el sentido de que altera el comportamiento económico óptimo y la asignación eficaz de recursos (gráfico 2.3 del texto principal).

Las rentas de Hotelling, pese a que son de gran interés para la comunidad académica y se incluyen en modelos teóricos de agotamiento de recursos, suelen ser muy pequeñas, cuando existen, en comparación con las rentas ricardianas o las cuasirrentas (véase Halvorsen y Smith [1991], por ejemplo). Además, las rentas de Hotelling generalmente no se tienen en cuenta en las decisiones del sector, es decir, en los procesos de planificación del agotamiento de los recursos. Como resultado, se considera que las rentas son principalmente de tipo ricardiano, aunque en el caso de algunos mercados (petróleo, potasa o fosfato y, hasta hace poco, diamantes), pueden existir rentas monopolísticas u oligopolistas, que pueden ser sustanciales.

Rentas ricardianas

La clásica teoría de las rentas de recursos se relaciona con David Ricardo, un economista inglés pionero en el análisis de las rentas económicas. En sus escritos de principios del siglo XIX, Ricardo señalaba que las tierras agrícolas se podían categorizar de acuerdo con su fertilidad: las tierras de la clase más fértil pueden producir una cantidad de alimento determinada a un costo menor que las tierras de la segunda clase más fértil. De modo similar, las tierras de la segunda clase más fértil tienen costos inferiores a los de las tierras de la tercera clase, y así sucesivamente. Suponiendo que todos los demás factores sean iguales, debido a la productividad diferencial inherente a la propia tierra (en lugar de la habilidad del agricultor), el propietario de la tierra podría cobrar una renta más alta al agricultor que utilizó la primera clase de tierra que al que utilizó la segunda o tercera clase de tierra.

De modo similar, en las industrias extractivas, la renta ricardiana generalmente se define como una renta diferencial debido a la naturaleza heterogénea de los activos subterráneos. Algunos activos subterráneos son de mejor calidad que otros, y estas ventajas de calidad se reflejan en los costos de producción más bajos, en los precios más altos de los productos derivados de estos activos, o en ambos. Una renta ricardiana puede reflejar, por ejemplo, un mayor volumen, un grado más alto, la facilidad de procesamiento o una buena ubicación.

En teoría, se pueden aplicar impuestos a las rentas ricardianas sin que esto afecte la toma de decisiones; sin embargo, en muchos casos, los economistas y los Gobiernos confunden erróneamente las rentas ricardianas con las rentas de Hotelling y las cuasirrentas. Estas últimas parecen rentas solo porque, en la práctica, observamos utilidades anuales procedentes de las empresas extractivas, pero no tenemos en cuenta las inversiones históricas en las actividades de descubrimiento y construcción de instalaciones. En el tratado *On the Principles of Political Economy and Taxation* (1821), Ricardo define la renta de forma rigurosa y menciona la noción de cuasirrentas (véase el recuadro B.1).

Recuadro B.1 Rentas reseñadas en el tratado *On the Principles of Political Economy and Taxation* de David Ricardo, 1821

"La renta es la porción del producto de la tierra que se paga al terrateniente por el uso de las fuerzas originarias e indestructibles del suelo. Sin embargo, a menudo se la confunde con el interés y la utilidad del capital, y en el lenguaje popular, se aplica el término a todo lo que un agricultor paga anualmente a su terrateniente. Si de dos establecimientos agrícolas colindantes de la misma extensión, y con la misma fertilidad natural, uno tuviera todas las comodidades de los edificios agrícolas y, además, estuviera drenado y abonado adecuadamente, y dividido de forma ventajosa por setos, cercas y muros, y el otro no contara con ninguna de estas ventajas, lógicamente se pagaría una mayor remuneración por el uso de uno que por el uso del otro; sin embargo, en ambos casos esta remuneración se denominaría renta. No obstante, es evidente que solo una parte del dinero que se ha de pagar anualmente por el establecimiento agrícola mejorado se entregaría por las fuerzas originarias e indestructibles del suelo; la otra parte se pagaría por el uso del capital que se había empleado para mejorar la calidad de la tierra y construir los edificios necesarios a fin de proteger y preservar los productos".

Sobre la renta de las minas, Ricardo escribe lo siguiente:

"Los metales, al igual que otros bienes, se obtienen mediante el trabajo. La naturaleza, en efecto, los produce; pero es el trabajo del hombre el que los extrae de las entrañas de la tierra y los prepara para nuestro servicio".

"Las minas, como también las tierras, generalmente pagan una renta a su propietario; y esta renta, al igual que la renta de la tierra, es el efecto y nunca la causa del alto valor de su producto".

"Si hubiera abundancia de minas igualmente fértiles, de las cuales cualquiera pudiera apropiarse, no podrían producir renta alguna; el valor de su producto dependería de la cantidad de trabajo necesaria para extraer el metal de la mina y llevarlo al mercado".

"El metal producido a partir de la mina más pobre que se trabaje debe tener, al menos, un valor de cambio [...] suficiente para adquirir todos [los insumos utilizados para trabajarla]. El rendimiento del capital de la mina más pobre que no paga renta regularía la renta de todas las demás minas más productivas. Se supone que esta mina produce las utilidades ordinarias de las acciones. Todo lo que las otras minas produzcan por encima de esta se pagará necesariamente a los propietarios en concepto de renta. Dado que este principio es precisamente el mismo que el que ya hemos establecido con respecto a la tierra, no será necesario extenderse sobre el tema".

Fuente: Ricardo (1821).

Cuasirrentas

Las cuasirrentas existen solamente a corto plazo y reflejan el rendimiento del capital y otros costos fijos. A largo plazo, un productor minero o de gas y petróleo que no recupera sus costos fijos deberá cerrar.

Los rendimientos debidos a mercados imperfectos se pueden agrupar como cuasirrentas por su naturaleza transitoria. Las rentas monopolísticas, oligopolistas o monopsonistas son la porción del valor total debida a la influencia en el mercado de uno o pocos vendedores o compradores dominantes y su capacidad de aumentar (o reducir, en el caso de la monopsonia) el precio de mercado por encima del que existiría en un mercado competitivo. Las rentas oligopolistas pueden existir, por ejemplo, en el sector del petróleo a través de las actividades de la OPEP. Las rentas monopsonistas pueden existir cuando una mina es el único empleador de la región y, por lo tanto, puede comprar insumos laborales a precios más bajos de lo que sería posible de otro modo. Las fundiciones o refinerías, debido a las grandes economías de escala que se necesitan, también pueden generar rentas monopsonistas.

Impacto de los cambios en los ingresos sobre la demanda de productos básicos

¿Cómo se ajusta la demanda de productos básicos?

La demanda de productos básicos se ve afectada por los cambios en los ingresos a corto plazo causados por las fluctuaciones del ciclo económico. Los metales y otros materiales se consumen principalmente en los sectores de la economía relacionados con los bienes de capital, la construcción, el transporte y los bienes de consumo duraderos. Estos sectores experimentan un gran auge cuando la economía marcha bien, y el gasto en estos bienes se reduce considerablemente cuando la economía se desacelera.

La demanda de productos básicos también se ajusta a largo plazo como respuesta a los cambios estructurales a largo plazo en la economía. La transformación estructural gradual de una economía desde la agricultura hacia los servicios, como se muestra mediante los "hechos de Kuznets" estilizados (gráfico C.1), da lugar a las relaciones de "intensidad de uso" (IdU) invertidas en forma de U (la demanda de productos básicos como una proporción del PIB) que se describen en los gráficos C.1.1 y C.1.2. Esto es impulsado por el hecho de que, a medida que los países comienzan a industrializarse, invierten en infraestructura y en las industrias manufactureras y de procesamiento, como en el caso de China, donde gran parte del aumento del consumo ha sido impulsado por la urbanización a gran escala y los aumentos de la IdU resultantes (Malenbaum, 1975; 1978). Sin embargo, mientras la economía mundial sigue creciendo, la demanda de materiales de "industrialización" comienza a disminuir y es reemplazada por el mantenimiento de las existencias de activos físicos producidos por el hombre, y el crecimiento económico comienza a ser impulsado más intensamente por los servicios.

Gráfico C.1 Los "hechos de Kuznets" ilustrados por la proporción de empleo en agricultura, manufacturas y servicios de los Estados Unidos, 1800-2000

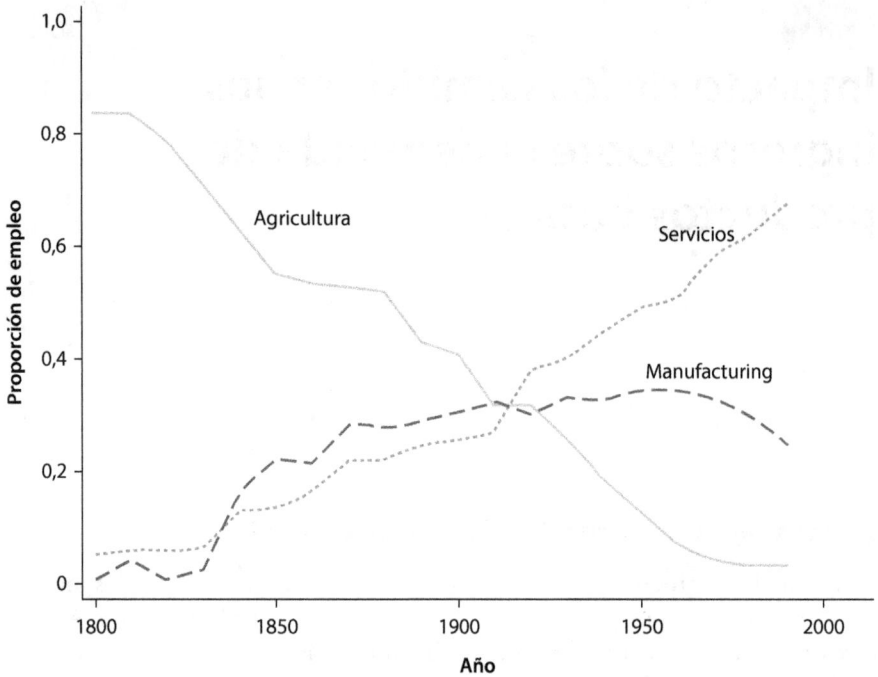

Fuente: Acemoglu (2008). Reproducido con permiso de Princeton University Press; permiso otorgado a través de Copyright Clearance Center.

La técnica de la IdU es un procedimiento simple que puede utilizarse para evaluar los cambios que se han producido a lo largo del tiempo, y entre los distintos países, en la demanda de productos energéticos o de metales. A pesar de su facilidad de uso, la técnica presenta algunos defectos. El más importante de estos defectos es el supuesto implícito de que la IdU depende únicamente del ingreso per cápita y, por ende, la relación entre ambos es lineal. Como resultado, las variaciones importantes de los precios, las nuevas tecnologías y otros factores cuya influencia es improbable que varíe en consonancia con el ingreso per cápita también afectan la IdU. Esto significa que la verdadera relación invertida en forma de U entre la IdU y el ingreso per cápita adquiere una tendencia a la baja a lo largo del tiempo, debido a las nuevas tecnologías que permiten el ahorro de recursos. Sin embargo, la sustitución de materiales y las nuevas tecnologías ocasionalmente elevan la curva de la IdU. En el recuadro C.1 se incluye un ejemplo del enfoque de la IdU aplicado en China.

Recuadro C.1 Crecimiento secular y cambio estructural en China: Una aplicación del enfoque de la intensidad de uso

Al igual que muchas empresas de las IE, Anglo American plc utiliza el enfoque de IdU para anticipar con más eficacia los cambios en la demanda de los productos básicos que elabora. Como se muestra en el gráfico C.1.1, en la IdU se compara la actividad económica per cápita (es decir, PIB per cápita) con la demanda de un producto básico determinado por unidad de PIB. Esta representación es útil porque permite proyectar la demanda de productos básicos minerales utilizando previsiones del crecimiento nacional.

Anglo, una de las empresas mineras más importantes del mundo, señala que mientras China se sigue urbanizando e industrializando, y pasa de una economía altamente basada en las inversiones a una economía impulsada por el consumo, se prevé que se modere el crecimiento de la demanda de ciertos productos básicos, como los materiales de acero (mineral de hierro, ferrocromo, etc.).

Sin embargo, se prevé que este cambio hacia el aumento del consumo con respecto a la inversión impulse un crecimiento más fuerte de la demanda de productos básicos más lujosos o discrecionales, como los diamantes (impulsada por la mayor demanda de productos de lujo) y los metales del grupo del platino (impulsada por la mayor demanda para los automóviles).

A pesar de ser atractivo desde el punto de vista intelectual, el concepto de la IdU tiene sus limitaciones. Por ejemplo, cada país es único y, por ende, si bien pueden existir

Gráfico C.1.1 Intensidad de uso de diversos productos básicos indizada en China

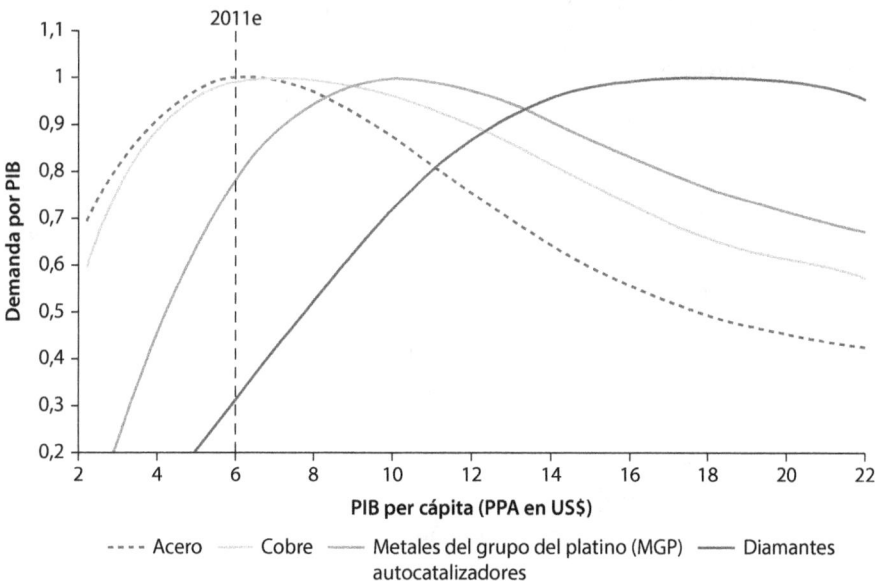

Eje Y: Demanda por PIB
Eje X: PIB per cápita (PPA en US$)

- - - - Acero ——— Cobre ——— Metales del grupo del platino (MGP) ——— Diamantes
autocatalizadores

Fuente: Anglo American plc (2012).

Recuadro continúa en siguiente página

Recuadro C.1 Crecimiento secular y cambio estructural en China: Una aplicación del enfoque de la intensidad de uso *(Continúa)*

tendencias generales, la intensidad de materiales de un país no será exactamente igual a la de otro. Esto se ve claramente en el gráfico C.1.2, donde se muestra la intensidad del acero actual de China con relación a la de otros países desarrollados. Por lo tanto, la IdU no solo es única según el producto básico en cuestión, sino también de acuerdo con el país, por lo que resulta difícil obtener proyecciones precisas mediante su uso.

Gráfico C.1.2 Intensidad del acero y producto interno bruto en países seleccionados, 1900-2011

producción de acero bruto en kg per cápita

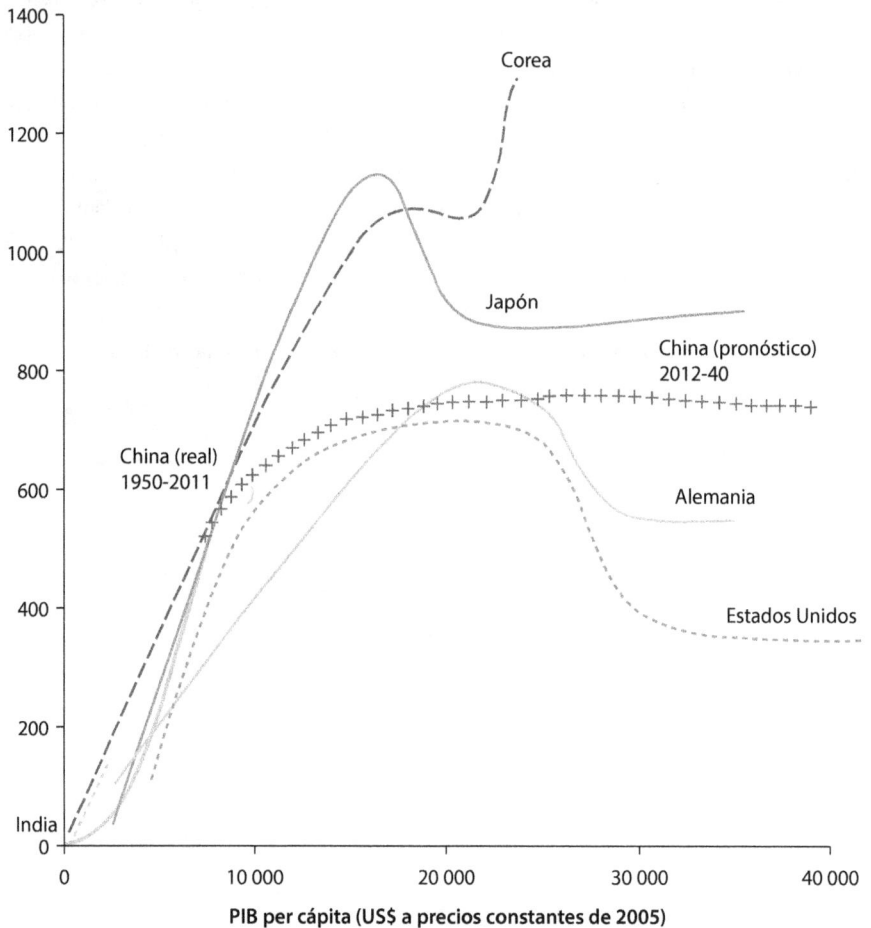

Fuente: Rio Tinto (2013).
Nota: PIB = producto interno bruto; PPA = paridad del poder adquisitivo.

Notas

1. El CRIRSCO se creó en 1994 con los auspicios del Consejo de Instituciones Mineras y Metalúrgicas (CMMI). Es un grupo de representantes de organizaciones responsables de elaborar códigos de presentación de informes sobre minerales en Australasia (Comité Conjunto de Reservas de Mena, JORC), Canadá (Instituto Canadiense de Minería, Metalurgia y Petróleo, CIM), Chile (Comité Nacional), Europa (Comité Paneuropeo de Información sobre Reservas y Recursos, PERC), Mongolia (Instituto Profesional de Geociencia y Minería de Mongolia, MPIGM), Rusia (NAEN), Sudáfrica (Código Sudafricano para el Informe de Resultado de Exploraciones, Recursos Mineros y Reservas Mineras, SAMREC) y los Estados Unidos (Sociedad de Minería, Metalurgia y Exploración).

2. Siempre se debe prestar atención cuando se leen las declaraciones de recursos y reservas, en las que se pueden enumerar los recursos con las reservas incluidas o excluidas. Por ejemplo, de acuerdo con la norma de presentación de informes de Canadá: "Cuando se informan recursos minerales y reservas minerales, se debe incluir una aclaración que indique explícitamente si las reservas minerales forman parte del recurso mineral o si se han extraído de él. En un informe, se debe utilizar una sola forma de presentación de la información" (CIM, 2014).

3. <http://www.spe.org/industry/docs/PRMS_Guidelines_Nov2011.pdf>, pág. 7.

Aplicación eficaz de los contratos de recursos: Lista de verificación de directrices

¿Por qué conviene usar una lista de verificación?

El siguiente conjunto de preguntas es una posible guía para funcionarios de los ministerios de Hacienda que permite garantizar que el ministerio sea consciente de algunas de las cuestiones esenciales relacionadas con la gestión de los contratos de recursos que pueden afectar la planificación y la ejecución del presupuesto. (Esta lista de preguntas no es exhaustiva, y las preguntas no se presentan en orden de importancia. Las condiciones específicas de cada país y los proyectos de minería concretos pueden implicar que otras cuestiones, no mencionadas en este documento, adquieran importancia en la aplicación de los contratos de recursos).

Recaudación de los ingresos provenientes de los recursos

- *Base de datos de las obligaciones relacionadas con los ingresos provenientes de los recursos.* ¿Existe una base de datos integrada de todas las condiciones de las obligaciones fiscales (tasas impositivas, tasas de regalías, bonificaciones por firma y producción) relacionadas con un proyecto de minería o petróleo determinado? ¿Quién es responsable de mantener esta base de datos para que toda renegociación de las condiciones contractuales se refleje de manera oportuna?

- *Verificación de las cifras de producción y exportación.* ¿Las cifras de producción y exportación del recurso provistas por la autoridad de recaudación de ingresos se han verificado con el organismo técnico pertinente responsable del seguimiento de los compromisos en materia de operación y producción? ¿Existen discrepancias entre ambos, y se las concilia de forma periódica?

- *Verificación de la calidad del recurso exportado.* Los precios de los productos básicos y, posteriormente, las utilidades de la empresa pueden diferir considerablemente según la calidad del producto básico exportado (por ejemplo, minetales de diferente ley). Por ende, la calidad de las exportaciones de productos básicos debe ser verificada y controlada por el Ministerio de Minería (u otro organismo técnico pertinente). ¿La autoridad de recaudación de ingresos ha coordinado con el organismo técnico pertinente para garantizar que el precio del producto básico en función del cual se calculan los impuestos basados en las utilidades esté en consonancia con la calidad del producto básico exportado?

- *Análisis de la recaudación histórica de ingresos provenientes de los recursos.* ¿Se han analizado las cifras históricas de recaudación de ingresos provenientes de los recursos para detectar posibles brechas en las actividades de recaudación de ingresos, de modo que se puedan identificar los flujos de ingresos que han mostrado deficiencias persistentes (es decir, áreas que han exhibido un déficit considerable en la recaudación en relación con las proyecciones)? ¿Existe un enfoque sistemático para abordar estas áreas de deficiencias persistentes en la recaudación?

- *Flujo de fondos de los ingresos provenientes de los recursos.* ¿Se comprende claramente el flujo de fondos de los ingresos provenientes de los recursos, y se concilian periódicamente las diversas cuentas de los ingresos provenientes de los recursos? Por ejemplo, ¿el organismo principal de recaudación de ingresos transfiere todos los ingresos a una cuenta única del tesoro (fondo consolidado)? O bien, ¿los ministerios, departamentos y organismos (MDO) individuales son responsables de recaudar ciertos flujos de ingresos, y estos MDO recaudan los ingresos en un banco comercial y luego transfieren los fondos al tesoro?

Proyecciones de ingresos provenientes de los recursos y planificación macrofiscal

- *Verificación de los supuestos sobre los precios de los productos básicos.* ¿Los supuestos sobre los precios de los productos básicos utilizados para las proyecciones a mediano plazo de los ingresos provenientes de los recursos son realistas y transparentes, y se establecen en conjunto con el Ministerio de Recursos Minerales y los demás ministerios técnicos pertinentes (véase volumen 2 de *Aspectos esenciales para economistas, profesionales de las finanzas públicas y responsables de políticas,* "Gestión fiscal en países ricos en recursos", para obtener un análisis detallado de los precios de los productos básicos que han de utilizarse a los efectos presupuestarios).

- *Verificación de las previsiones de producción y exportación.* ¿Se han utilizado las previsiones de producción y exportación de los productos básicos en el marco macrofiscal, y se han verificado las previsiones de las cuentas nacionales con los organismos técnicos pertinentes, como el Ministerio de Minería?

- *Incorporación de los riesgos relacionados con la producción y los precios de los productos básicos.* ¿Se han incorporado en el marco macrofiscal a mediano plazo los riesgos para la recaudación de los ingresos provenientes de los recursos (impulsados por los riesgos operativos inherentes a la producción y la exportación) y la inestabilidad de los precios internacionales de los productos básicos? Por ejemplo, ¿el documento del marco presupuestario contiene un análisis de las posibles opciones presupuestarias estratégicas relacionadas con la reducción de gastos o los empréstitos adicionales en respuesta a una disminución determinada de los precios de los productos básicos por debajo de las previsiones? (Para obtener más información, véase volumen 2 de *Aspectos esenciales*, "Gestión fiscal en países ricos en recursos".)

- *Ciclo de vida de un proyecto petrolero o minero.* ¿Las previsiones a mediano plazo de los ingresos provenientes de los recursos tienen en cuenta el ciclo de vida típico de un proyecto petrolero o minero? Por ejemplo, los ingresos provenientes de regalías generalmente se mantienen sin cambios durante el ciclo de vida de un proyecto, pero los impuestos basados en las utilidades pueden volverse importantes solamente una vez que se han amortizado todos los gastos de capital, lo que puede ocurrir varios años después del inicio de un proyecto.

- *Fecha de recepción de los ingresos del ejercicio en curso.* ¿Se ha identificado la fecha de recepción de los ingresos de la mina en el ejercicio en curso? Es especialmente importante que esto se realice en los países dependientes de los ingresos provenientes de los recursos, con mercados financieros nacionales poco activos y capacidad limitada para solicitar financiamiento externo. En estos países, para garantizar la gestión eficaz de la liquidez, la determinación del orden de secuencia de los gastos o la estrategia de endeudamiento a corto plazo dentro de un año, es posible que se deba tener en cuenta la fecha de recepción de los ingresos.

- *Divisas y balanza de pagos.* Para contribuir a la planificación macrofiscal y pronosticar la balanza de pagos, ¿se ha determinado la proporción de divisas tanto en las transacciones de ingresos provenientes de los recursos como en las posibles inversiones realizadas en el país por las empresas con anterioridad a la producción?

Gestión de gastos y pasivos contingentes

- *Participación en los ingresos y pagos.* En algunos contratos de recursos, se especifica un porcentaje o monto determinado de los ingresos provenientes de los recursos que se debe transferir a ciertas regiones o Gobiernos subnacionales o a MDO gubernamentales determinados. ¿Se han identificado estos pasivos y se han verificado con los Gobiernos subnacionales y los MDO gubernamentales pertinentes, y se ha incorporado debidamente esta información en el marco de gastos a mediano plazo? ¿Se comprende que la inestabilidad de la recaudación de los ingresos provenientes de los recursos puede generar presiones adicionales en materia de gastos para el presupuesto central?

- *Proyectos de los fondos de desarrollo comunitario.* En algunas ocasiones, en los contratos de recursos se especifica la creación de fondos de desarrollo comunitario, con respaldo de las empresas, que pueden incluir proyectos en las comunidades locales (véanse el capítulo 6 de este volumen, en la sección dedicada a las fundaciones, los fideicomisos y los fondos comunitarios). ¿Existen proyectos de este tipo que estén en consonancia con el programa de inversión pública más amplio de la región y del país? Además, ¿se han identificado con precisión todos los requisitos de financiamiento del Gobierno central, en términos de fondos de contrapartida y costos ordinarios de mantenimiento, para estos proyectos?

- *Recursos para infraestructura y costos ordinarios.* Los proyectos de extracción de recursos generalmente incluyen la construcción de infraestructura auxiliar, y en los contratos de recursos se puede especificar que la infraestructura se construirá a cambio de la extracción de recursos. Las repercusiones de un acuerdo de IFR y su posible importancia para la GFP se analizan en detalle en el texto principal de este volumen (véase el capítulo 7, recuadro 7.2). Cabe destacar que se debe crear espacio fiscal a mediano plazo para los costos ordinarios de mantenimiento de la infraestructura.

- *Costos de desplazamiento y reasentamiento.* En los contratos de recursos, se pueden establecer condiciones específicas para el reasentamiento y la rehabilitación de las comunidades afectadas directamente por la extracción de recursos. ¿Las empresas han cumplido con estas condiciones, y el Gobierno tiene posibles pasivos contingentes relacionados con el costo del reasentamiento?

- *Identificación de pasivos ambientales contingentes.* ¿Se han analizado los PGA presentados por las empresas para identificar los posibles pasivos que pudieran surgir debido a los daños ambientales relacionados con la extracción de recursos? ¿Se han evaluado los riesgos relacionados con los daños ambientales y la posible magnitud de los daños en conjunto con los departamentos técnicos responsables de la gestión ambiental (por ejemplo, el Ministerio de Medio Ambiente)? ¿Los mecanismos de farantia financiera establecidos son suficientes para cubrir los posibles pasivos ocasionados por el desmantelamiento?

Bibliografía

Acemoglu, Daron. 2008. "Structural Change and Economic Growth." In *Introduction to Modern Economic Growth*. Princeton, NJ: Princeton University Press.

Acemoglu, Daron, and James A. Robinson. 2006. "Economic Backwardness in Political Perspective." *American Political Science Review* 100 (February): 115-31.

Agosin, Manuel R., Christian Larrain, and Nicolas Grau. 2010. "Industrial Policy in Chile." IDB Working Paper Series No. IDB-WP-170, Inter-American Development Bank, Washington, DC.

Aguilar, Javier, and Greg Francis. 2005. "Cajamarca Mining Canon Project, Phase 1: Promoting Public-Private Partnerships in a Context of Mistrust." Unpublished note, International Finance Corporation, Washington, DC.

Ahmad, Ehtisham, and Eric Mottu. 2003. "Oil Revenue Assignment: Country Experiences and Issues." Chapter 9 in *Fiscal Policy Formulation and Implementation in Oil-Producing Countries*, ed. J. M. Davis, R. Ossowski, and A. Fedelino. Washington, DC: IMF.

Alexeev, Michael, and Robert Conrad. 2009. "The Elusive Curse of Oil." *The Review of Economics and Statistics* 91 (3): 589-98.

Anderson, George, ed. 2012. *Oil and Gas in Federal Systems*. London and New York: Oxford University Press.

Anglo American plc. 2012. "Anglo American plc. 2011 Annual Report." London, England. http://www.angloamerican.com.

Ascher, William. 2008. Presentation at the UN Research Institute for Social Development workshop on "Financing Social Policy in Mineral-Rich Countries," Geneva, April 24-25, 2008.

Auditor General de Sudáfrica. 2009. "Report of the Auditor General to the Parliament on a Performance Audit of the Rehabilitation of Abandoned Mines at the Department of Minerals and Energy, South Africa." Auditor General of South Africa, Pretoria.

Baer, Katherine. 2002. "Improving Large Taxpayer's Compliance. A Review of Country Experience." IMF Occasional Paper 215, International Monetary Fund, Washington, DC.

Banco Central de Rusia. 2011. "Production Sharing Agreements." Paper prepared for the 24th meeting of the IMF Committee on Balance of Payments Statistics, Central Bank of Russia, Moscow, October 24-26.

Banco Mundial. 2010a. *Mining Community Development Agreements—Practical Experiences and Field Studies*. Washington, DC: World Bank. http://www.sdsg.org/wp-content /uploads/2011/06/CDA-Report-FINAL.pdf.

———. 2010b. *Mining Foundations, Trusts and Funds: A Sourcebook*. June 2010. http:// siteresources.worldbank.org/EXTOGMC/Resources/Sourcebook_Full_Report.pdf.

———. 2010c. "Towards Sustainable Decommissioning and Closure of Oil Fields and Mines: A Toolkit to Assist Government Agencies." http://siteresources.worldbank .org/EXTOGMC/Resources/336929-1258667423902/decommission_toolkit3 _full.pdf.

———. 2011a. "Overview of State Ownership in the Global Minerals Industry." Extractive Industries for Development Series #20, World Bank, Washington, DC. http:// siteresources.worldbank.org/INTOGMC/Resources/GlobalMiningIndustry-Overview .pdf.

———. 2011b. *Sharing Mining Benefits in Developing Countries. The Experience with Foundations, Trusts, and Funds*. Extractive Industries for Development Series No. 21. Washington, DC: World Bank. http://www-wds.worldbank.org/external/default /WDSContentServer/WDSP/IB/2011/06/14/000333037_20110614052552 /Rendered/PDF/624980NWP0P1160ns00trusts0and0funds.pdf.

Benavente, Jose. 2006. "Wine Production in Chile." In *Technology, Adaptation, and Exports: How Some Developing Countries Got It Right*, edited by Vandana Chandra. Washington, DC: World Bank.

Berg, Andrew, Rafael Portillo, Shu-Chun S. Yang, and Luis-Felipe Zanna. 2012. "Public Investment in Resource-Abundant Developing Countries." IMF Working Paper 12/274, International Monetary Fund, Washington, DC.

BGS International. 2012. "Geodata for Development, A Practical Approach." In *EI Source Book*, edited by Peter Cameron and Michael Stanley. http://www.eisourcebook.org/.

Bleaney, Michael, and Håvard Halland. 2014. "Natural Resource Exports, Fiscal Policy Volatility and Growth". *Scottish Journal of Political Economy* 61 (5): 502-22.

———. De próxima aparición, 2015. "Do Resource-Rich Countries Suffer from a Lack of Fiscal Discipline?" World Bank Working Paper.

Bourguignon, François, and Thierry Verdier. 2000. "Oligarchy, Democracy, Inequality, and Growth." *Journal of Development Economics* 62: 285-313.

BP (British Petroleum). 2008. "BP Statistical Review of World Energy." http://www.bp .com/liveassets/bp_internet/globalbp/globalbp_uk_english/reports_and_publications /statistical_energy_review_2008/STAGING/local_assets/downloads/pdf/statistical _review_of_world_energy_full_review_2008.pdf.

Brosio, Giorgio. 2003 "Oil Revenue and Fiscal Federalism." Chapter 10 in *Fiscal Policy Formulation and Implementation in Oil-Producing Countries*, edited by. J. M. Davis, R. Ossowski, and A. Fedelino. Washington, DC: IMF.

Brunnschweiler, Christa N., and Erwin H. Bulte. 2006. "The Resource Curse Revisited and Revised: A Tale of Paradoxes and Red Herrings." CER-ETH Economics Working Paper Series 06/61, Center of Economic Research, ETH Zurich. https://ideas.repec.org/p /eth/wpswif/06-61.html.

Calder, Jack. 2010. "Resource Tax Administration: Functions, Procedures, and Institutions." In *The Taxation of Petroleum and Minerals, Principles, Problems, and Practice*, edited by Philip Daniel, Michael Keen, and Charles McPherson. London and New York: Routledge.

———. 2014. *Administering Fiscal Regimes for the Extractive Industries: A Handbook.* Washington, DC: International Monetary Fund. http://www.elibrary.imf.org/doc /IMF071/20884-9781475575170/20884-9781475575170/Other_formats/Source _PDF/20884-9781484386446.pdf.

Cameron, Peter, and Michael Stanley. 2012. *EI Source Book.* Oil, Gas, and Mining Policy Unit (SEGOM), World Bank Group; and Centre for Energy, Petroleum, and Mineral Law and Policy, University of Dundee. http://www.eisourcebook.org.

CIM (Instituto Canadiense de Minería, Metalurgia y Petróleo). 2014. "CIM Definition Standards—For Mineral Resources and Mineral Reserves." Document prepared by the CIM Standing Committee on Reserve Definitions, adopted by the CIM Council on May 10, 2014. http://www.cim.org/~/media/Files/PDF/Subsites/CIM_DEFINITION _STANDARDS_20142.

Colegio Internacional de Abogados. 2011. "Model Mining Development Agreement Project." http://www.mmdaproject.org/.

Collier, Paul, and Anke Hoeffler. 2004. "Greed and Grievance in Civil War." *Oxford Economic Papers* 56: 563-95.

Comité de Interés Público y Rendición de Cuentas de Ghana. 2012. "Ghana Public Interest and Accountability Committee—Annual Report 2011." Ghana Public Interest and Accountability Committee, Accra, Ghana.

Conferencia de las Naciones Unidas sobre Comercio y Desarrollo. 2013. "Time Series on Inward and Outward Foreign Direct Investment Flows, Annual, 1970-2012." Data compiled by the *Financial Times*, August 19, "Offshore Centres Race to Seal Africa Investment Tax Deals." http://www.ft.com/intl/cms/s/0/64368e44-08c8-11e3-ad07 -00144feabdc0.html.

Consejo de Minerales de Australia. 2015. "Life Cycle of a Mine" (accessed March 20, 2015), http://www.minerals.org.au/resources/gold/life_cycle_of_a_mine.

Corden, Max, and Peter Neary. 1982. "Booming Sector and De-industrialisation in a Small Open Economy." *The Economic Journal* 92 (December): 825-48.

CRIRSCO (Comité de Normas Internacionales para la Presentación de Informes sobre Reservas Minerales). 2013. "International Reporting Template for the Public Reporting of Exploration Results, Mineral Resources, and Mineral Reserves." http://www.crirsco .com/templates/crirsco_international_reporting_template_2013.pdf.

———. 2015. "About CRIRSCO". Committee for Mineral Reserves International Reporting Standards—Background (accessed March 20, 2015), http://www.crirsco .com/background.asp.

Dabla-Norris, Era, Jim Brumby, Annette Kyobe, Zac Mills, and Chris Papageorgiou. 2011. "Investing in Public Investment: An Index of Public Investment Efficiency." IMF Working Paper 11/37, International Monetary Fund, Washington, DC.

Daniel, Philip, Michael Keen, and Charles McPherson, eds. 2010. *The Taxation of Petroleum and Minerals, Principles, Problems, and Practice.* London and New York: Routledge.

Davis, Graham A., and John E. Tilton. 2005. "The Resource Curse." *Natural Resources Forum* 29 (3): 233-42. http://lawweb.colorado.edu/profiles/syllabi/banks/Davis%252 0%2520Tilton%2520-%2520The%2520resource%2520curse.pdf.

Department of Energy and Climate Change, United Kingdom. 2011. "Guidance Notes for Industry on the Decommissioning of Offshore Oil and Gas Installations and Pipelines under the Petroleum Act, 1998." https://www.gov.uk/government/uploads/system /uploads/attachment_data/file/69754/Guidance_Notes_v6_07.01.2013.pdf.

Eggert, Roderick. 2011. "Critical Elements and Thin-Film Photovoltaics." Unpublished presentation presented at the National Renewable Energy Laboratory, Golden, Colorado, October 14.

EITI (Iniciativa para la Transparencia de las Industrias Extractivas). 2013. "The EITI Standard." http://eiti.org/document/standard.

FMI (Fondo Monetario Internacional). 2007. *Guide on Resource Revenue Transparency*. Washington, DC: IMF.

———. 2012. *Macroeconomic Policy Frameworks for Resource-Rich Developing Countries*. Washington, DC: IMF.

Frankel, Jeffrey A. 2010. "The Natural Resource Curse: A Survey." NBER Working Paper 15836, National Bureau of Economic Research, Cambridge, MA.

Gammon, John B. 2007. "A Draft Mineral Sector Policy Note for Serbia." World Bank, Washington, DC, unpublished.

Gelb, Alan. 2011. "Economic Diversification in Resource Rich Countries." In *Beyond the Curse: Policies to Harness the Power of Natural Resources*, edited by Rabah Arezki, Thorvaldur Gylfason, and Amadou Sy. Washington, DC: International Monetary Fund.

Gobierno de Afganistán. 2010. "National Extractive Industry Excellence Program." Ministry of Mines, Government of Afghanistan, Kabul. http://www.acbar.info /uploads/Publication/02_NEIEP_project_document_revised_29March2011.pdf.

Gobierno de Canadá. 2006. "Mining Kit for Aboriginal Communities: Mining Sequence." Since replaced by the *Exploration and Mining Guide for Aboriginal Communities*. http://www.nrcan.gc.ca/mining-materials/aboriginal/7819.

Gobierno de Indonesia. 2014. "Implementatiasi UU RI Nomor 4 Tahum 2009 Dan DampaknyaTerhadap Kebijakan Hilirisasi Pertambagan Mineral Dan Batubara." Presentation made by the directorate-general, Mineral and Coal, Government of Indonesia, at a Ministry of Trade dissemination event, February.

Gobierno de Nueva Gales del Sur, Departmento de Industria e Inversiones. 2010. "Rehabilitation Cost Estimate Guidelines." New South Wales, Australia. http://cer.org .za/wp-content/uploads/2011/10/AG_Report_on_abandoned_mines-Oct-2009.pdf.

———. 2012. "ESG2: Environmental Impact Assessment Guidelines." Mineral Resources Environmental Sustainability Unit, Maitland, Australia.

Gobierno de Queensland. Sin fecha. Guideline (a), "Preparing an Environmental Management Plan (Exploration Permit or Mineral Development License) for a Level 1 Mining Project."

Gobierno de Uganda. 2008. "National Oil and Gas Policy for Uganda." Ministry of Energy and Mineral Development, Government of Uganda, Kampala. http://www.acode-u .org/documents/oildocs/oil&gas_policy.pdf.

Gobierno Provincial de Cabo Occidental. 2005. "Guideline for Environmental Management Plans." Cape Town, South Africa. http://www.westerncape.gov.za/Text/2005/7 /deadp_emp_guideline_june05_5.pdf.

Guj, Pietro, Boubacar Bocoum, James Limerick, Murray Meaton, and Bryan Maybee. 2013. *How to Improve Mining Tax Administration and Collection Frameworks: A Sourcebook*. Washington, DC: World Bank. http://www-wds.worldbank.org/external/default /WDSContentServer/WDSP/IB/2013/10/11/000442464_20131011125523/Rendered /PDF/818080WP0P12250Box0379844B00PUBLIC0.pdf.

Gupta, Sanjeev, Alvar Kangur, Chris Papageorgiou, and Abdoul Wane. 2011. "Efficiency-Adjusted Public Capital and Growth." IMF Working Paper 11/217, International Monetary Fund, Washington, DC. http://www.imf.org/external/pubs/ft/wp/2011/wp11217.pdf.

Gylfason, Thorvaldur, Tryggvi Thor Herbertsson, and Gylfi Zoega. 1999. "A Mixed Blessing: Natural Resources and Economic Growth." *Macroeconomic Dynamics* 3: 205-25.

Halland, Håvard, John Beardsworth, Bryan Land, and James Schmidt. 2014. "Resource Financed Infrastructure: A Discussion on a New Form of Infrastructure Financing." World Bank Studies Series. http://www-wds.worldbank.org/external/default/WDSContentServer/WDSP/IB/2014/06/06/000333037_20140606143941/Rendered/PDF/884850PUB0Box300EPI2102390May292014.pdf.

Halvorsen, Robert, and Tim R. Smith. 1991. "A Test of the Theory of Exhaustible Resources." *The Quarterly Journal of Economics* 106 (1): 123-40.

Hausman, Ricardo, Bailey Klinger, and Robert Lawrence. 2007. "Examining Beneficiation." Working Paper, Center for International Development, Kennedy School of Government, Harvard University.

Heller, Patrick, Paasha Mahdavi, and Johannes Schreuder. 2014. "Reforming National Oil Companies: Nine Recommendations." Natural Resource Governance Institute. http://www.resourcegovernance.org/publications/reforming-national-oil-companies-nine-recommendations.

Heum, Per. 2008. "Local Content Development—Experiences from Oil and Gas Activities in Norway." SNF Working Paper 02/08, Bergen, Norway.

Hotelling, Harold. 1931. "The Economics of Exhaustible Resources." *Journal of Political Economy* 39 (2): 137-75.

ICMM (Consejo Internacional de Minería y Metales). 2005. "Financial Assurance for Mine Closure and Reclamation." ICMM report, International Council on Mining and Metals, London. http://www.icmm.com/document/282.

———. 2013. "Approaches to Understanding Development Outcomes from Mining." ICMM report, International Council on Mining and Metals, London. http://www.icmm.com/document/5774.

IFC (Corporación Financiera Internacional). 2013. "Fostering the Development of Greenfield Mining-Related Transport Infrastructure through Project Financing." IFC, Washington, DC. http://www.ifc.org/wps/wcm/connect/c019bf004f4c6ebfbd99ff032730e94e/Mine+Infra+Report+Final+Copy.pdf?MOD=AJPERES.

Johnson, Robert C., and Guillermo Noguera. 2012. "Fragmentation of Trade in Value Added Over Four Decades." NBER Working Paper 18186, National Bureau of Economic Research, Cambridge, MA.

Jourdan, Paul. 2014. "Ownership and Mineral-based Development: The Role of State Institutions in the Minerals and Energy Sector." Presentation given at the Botswana Confederation of Commerce, Industry and Manpower Workshop, Maun, November.

Kaneva, Natasha. 2014. *Metals Outlook: Exploring Bull and Bear Risk Factors.* J.P. Morgan Commodities Research.

Kapstein, Ethan, and Rene Kim. 2011. *The Socio-Economic Impact of Newmont Ghana Gold Limited.* Accra: Stratcomm Africa. http://www.newmont.com/files/doc_downloads/africa/ahafo/environmental/Socio_Economic_Impact_of_Newmont_Ghana_Gold_July_2011_0_0.pdf.

Land, Bryan. 2010. "Resource Rent Taxes: A Re-appraisal". In *The Taxation of Petroleum and Minerals, Principles, Problems, and Practice*, edited by Philip Daniel, Michael Keen, and Charles McPherson. London and New York: Routledge.

Londono, David, and Benjamin Sanfurgo. 2014. "Technical Report on the Lumwana Mine, North-Western Province, Republic of Zambia." NI 43-101 Technical Report, Barrick Gold Corporation, Toronto, Canada.

Malenbaum, Wilfred. 1975. "Law of Demand for Minerals." *Proceedings of the Council of Economics*, 104th AIME Annual Meeting, New York.

———. 1978. *World Demand for Raw Materials in 1985 and 2000*. New York: McGraw Hill.

Matsuyama, K. 1992. "Agricultural Productivity, Comparative Advantage, and Economic Growth." *Journal of Economic Theory* 58: 317-443.

Mayorga Alba, Eleodoro. 2009. "Extractive Industries Value Chain: A Comprehensive Integrated Approach to Developing Extractive Industries." Africa Region Working Paper Series #125, Extractive Industries for Development Series #3, World Bank, Washington, DC.

McLure, Charles E. 2003. "The Assignment of Oil Tax Revenue." Chapter 8 in *Fiscal Policy Formulation and Implementation in Oil-Producing Countries*, edited by J. M. Davis, R. Ossowski, and A. Fedelino. Washington, DC: IMF.

McPherson, Charles. 2010. "State Participation in the Natural Resource Sectors: Evolution, Issues, and Outlook." In *The Taxation of Petroleum and Minerals, Principles, Problems, and Practice*, edited by Philip Daniel, Michael Keen, and Charles McPherson. London and New York: Routledge.

Mehlum, Halvor, Karl Moene, and Ragnar Torvik. 2006. "Institutions and the Resource Curse." *The Economic Journal* 116: 1-20.

Miller, Robert A. 2000. "Ten Cheaper Spades: Production Theory and Cost Curves in the Short Run". *Journal of Economic Education* (Spring): 119-30.

MinEx Consulting Pty Ltd. 2013. "Long Term Outlook for the Global Exploration Industry—Gloom or Boom?" Presentation by Richard Schodde to the Geological Society of South Africa—GeoForum 2013 Conference, Johannesburg, South Africa, February 5.

MonTec. 2007. "Guidelines on Financial Guarantees and Inspections for Mining Waste Facilities." European Commission, Director General for Environment. http://ec.europa.eu/environment/waste/mining/pdf/EU_Final_Report_30.04.08.pdf.

Mullins, Peter. 2010. "International Tax Issues for the Resources Sector." In *The Taxation of Petroleum and Minerals, Principles, Problems, and Practice*, edited by Philip Daniel, Michael Keen, and Charles McPherson. London and New York: Routledge.

Nair, Arvind, and Yue Man Lee. 2014. "A Closer Look at Indonesia's Unprocessed Mineral Export Ban." *The Indonesia Economic Quarterly*, March 2014, World Bank, Washington, DC.

Nakhle, Carloe. 2010. "Petroleum Fiscal Regimes: Evolution and Challenges." In *The Taxation of Petroleum and Minerals, Principles, Problems, and Practice*, edited by Philip Daniel, Michael Keen, and Charles McPherson. London and New York: Routledge.

Natural Resources Canada. 2012. "Mining Information Kit for Aboriginal Communities." http://www.pdac.ca/pdac/advocacy/aboriginal-affairs/2006-mining-toolkit-eng.pdf.

———. 2013. "Feasibility Studies Table." Minerals and Metals Sector, Natural Resources Canada.

Newmont. 2013. "Mining 101: Understanding the Different Phases of Mine Operations." Blog entry, *Our Voice - Blog*, Newmont.com, August 12, http://www.newmont.com /our-voice-blog/2013/Mining-101-Understanding-the-Different-Phases-of-Mine -Operations/default.aspx?view=details&item=Mining-101-Understanding-the -Different-Phases-of-Mine-Operations.

Nordhaus, William D., and Edward C. Kokkelenberg, eds. 1999. *Nature's Numbers: Expanding the National Economic Accounts to Include the Environment*. Washington, DC: National Academy Press.

Noreng, Oystein. 2005. "Norway: Economic Diversification and the Petroleum Industry." In *The Gulf Oil and Gas Sector: Potential and Constraints*. Abu Dhabi, UAE: The Emirates Center for Strategic Studies and Research.

OCDE (Organización para la Cooperación y el Desarrollo Económicos). 2010. "The Economic Impact of Export Restrictions on Raw Materials." http://dx.doi .org/10.1787/9789264096448-en.

———. 2014. "Volume Measurement of Stocks of Natural Resources." COM/ENV /STD(2012)2 JT03365606, background note, OECD, Paris, France.

Ortega Girones, Enrique, Alexandra Pugachevsky, and Gotthard Walser. 2009. "Mineral Rights Cadastre." World Bank Extractive Industries for Development Series #4, World Bank, Washington, DC. http://siteresources.worldbank.org/INTOGMC /Resources/Mining_Cadastre_Revised.pdf.

Otto, James, Frank Stermole, Fred Cawood, Pietro Guj, John Stermole, Michael Doggett, Craig Andrews, and John Tilton. 2006. "Mining Royalties: A Global Study of Their Impact on Investors, Government, and Civil Society." Report No. 37258, World Bank, Washington, DC. http://documents.worldbank.org/curated/en/2006/06/7045893 /mining-royalties-global-study-impact-investors-government-civil-society-vol-1-2.

Parthemore, Christine. 2011. *Elements of Security Mitigating the Risks of U.S. Dependence on Critical Minerals*. Washington, DC: Center for a New American Security. http://www .cnas.org/files/documents/publications/CNAS_Minerals_Parthemore.pdf.

Peck, Philip, and Knut Sinding. 2009. "Financial Assurance and Mine Closure: Stakeholder Expectations and Effects for Operating Decisions." *Resources Policy* 34: 227-333.

Proserv Offshore. 2010. *Decommissioning Cost Update for Removing Pacific OCS Region Offshore Oil and Gas Facilities*. Final Report, Volume 1, Proserv Offshore, Houston, TX.

Rajaram, Anand, Tuan Minh Le, Kai Kaiser, Jay-Hyung Kim, and Jonas Frank, eds. 2014. *The Power of Public Investment Management: Transforming Resources into Assets for Growth*. Washington DC: World Bank.

Rajaram, Anand. 2012. "Improving Public Investment Efficiency." Presentation to the IMF conference "Management of Natural Resources in Sub-Saharan Africa," Kinshasa, March 21-22.

Rajaram, Anand, Tuan Minh Le, Nataliya Biletska, and Jim Brumby. 2010. "A Diagnostic Framework for Assessing Public Investment Management." Policy Research Paper 5397, World Bank, Washington, DC. http://elibrary.worldbank.org/doi/pdf/10.1596 /1813-9450-5397.

Reedman, A. J., R. Callow, D. P. Piper, and D. G. Bate. 2008. "The Value of Geoscience Information in Less Developed Countries." Research Report CR/02/08, British Geological Survey, Nottingham, UK.

Rendu, Jean-Michel. 2014. *An Introduction to Cutoff Grade Estimation*. 2nd ed. Englewood, CO: Society for Mining Metallurgy and Exploration.

Ricardo, David. 1821. *On the Principles of Political Economy and Taxation. Library of Economics and Liberty.* Retrieved November 29, 2014. http://www.econlib.org/library /Ricardo/ricP1a.html.

Rio Tinto. 2013. *Rio Tinto 2013 Chartbook.* London, England: Rio Tinto Plc. http://www .riotinto.com.

Robinson, James A., Ragnar Torvik, and Thierry Verdier. 2006. "Political Foundations of the Resource Curse." *Journal of Development Economics* 79 (2): 447-68.

Ross, Kaiser, and Nimah Mazaheri. 2011. "The 'Resource Curse' in MENA? Political Transitions, Resource Wealth, Economic Shocks, and Conflict Risk." World Bank, Washington DC.

Sachs, Jeffrey, and Andrew Warner. 1995. "Natural Resource Abundance and Economic Growth." NBER Working Paper 5398, National Bureau of Economic Research, Cambridge, MA.

Sassoon, Meredith. 2009. "Guidelines for the Implementation of Financial Surety for Mine Closure." World Bank, Washington, DC. http://siteresources.worldbank.org /INTOGMC/Resources/7_eifd_financial_surety.pdf.

SEADI (Apoyo para el Fortalecimiento del Análisis Económico en Indonesia). 2013. "The Economic Effects of Indonesia's Mineral-Processing Requirements for Export." USAID, Washington DC. http://pdf.usaid.gov/pdf_docs/pbaaa139.pdf.

Smith, E., and P. Rosenblum. 2011. *Enforcing the Rules: Government and Citizen Oversight of Mining.* New York: Revenue Watch Institute (now the Natural Resource Governance Institute). http://www.revenuewatch.org/sites/default/files/RWI_Enforcing_Rules _full.pdf.

SPE (Society of Petroleum Engineers), AAPG (American Association of Petroleum Geologists), WPC (World Petroleum Council), SPEE (Society of Petroleum Evaluation Engineers), and SEG (Society of Exploration Geophysicists). 2011. "Guidelines for Application of the Petroleum Resources Management System." http://www.spe.org /industry/docs/PRMS_Guidelines_Nov2011.pdf.

Stanley, Michael, and Adriana Eftimie. 2005. *Government Support for Sustainability of Extractive Industries.* Washington, DC: World Bank.

Stanley, Michael, and Ekaterina Mikhaylova. 2011. "Mineral Resource Tenders and Mining Infrastructure Projects: Guiding Principles." Working Paper 65503, World Bank, Washington, DC. http://documents.worldbank.org/curated/en/2011/09/15476393 /mineral-resource-tenders-mining-infrastructure-projects-guiding-principles.

Statistics Canada. 2006. "Concepts, Sources, and Methods of the Canadian System of Environmental and Resource Accounts." Catalogue No. 16-5-5-GIE. http://www .statcan.gc.ca/pub/16-505-g/16-505-g1997001-eng.pdf.

Tilton, John. 1985. "The Metals." In *Economics of the Mineral Industries*, 384-415. 4th ed. New York: AIME.

Tordo, Silvana, David Johnston, and Daniel Johnston. 2010. "Petroleum Exploration and Production Rights: Allocation Strategies and Design Issues." Working Paper 179, World Bank, Washington, DC. http://elibrary.worldbank.org/doi/pdf/10.1596 /978-0-8213-8167-0.

Tordo, Silvana, Michael Manzano Warner, and Yahya Osmel Anouti. 2013. "Local Content Policies in the Oil and Gas Sector." http://elibrary.worldbank.org/doi/pdf /10.1596/978-0-8213-9931-6.

Torvik, Ragnar. 2001. "Learning by Doing and the Dutch Disease." *European Economic Review* 45: 285-306. http://www.sv.ntnu.no/iso/Ragnar.Torvik/science.pdf.

———. 2002. "Natural Resources, Rent Seeking, and Welfare." *Journal of Development Economics* 67: 455-70.

UN (United Nations). 2010. "United Nations Framework Classification for Fossil Energy and Mineral Reserves and Resources 2009," 39. ECE Energy Series, United Nations Economic Commission for Europe, Geneva, Switzerland. http://www.unece.org /energy/se/unfc_2009.html.

UN, EU (European Union), FAO (Food and Agriculture Organization of the United Nations), IMF, OECD, and World Bank. 2014. "System of Environmental- Economic Accounting 2012—Central Framework." United Nations, New York. http://unstats .un.org/unsd/envaccounting/seeaRev/SEEA_CF_Final_en.pdf.

van der Ploeg, Frederick. 2011. "Natural Resources: Curse or Blessing?" *Journal of Economic Literature* 492: 366-420.

van der Ploeg, Frederick, and Steven Poelhekke. 2010. "The Pungent Smell of 'Red Herrings': Subsoil Assets, Rents, Volatility, and the Resource Curse." *Journal of Environmental Economics and Management* 60: 44-55.

Westgate, Leon. 2014. "2014 LME Week Annual Report." Standard Bank Group, London, England.

Wood Mackenzie. 2013. "C1 Composite Cost Curve of Copper Mine Production (2013)." Graphical representation.

Zientek, Michael L., James D. Bliss, David W. Broughton, Michael Christie, Paul D. Denning, Timothy S. Hayes, Murray W. Hitzman, John D. Horton, Susan Frost-Killian, Douglas J. Jack, Sharad Master, Heather L. Parks, Cliff D. Taylor, Anna B. Wilson, Niki E. Wintzer, and Jon Woodhead. 2014. "Sediment-Hosted Stratabound Copper Assessment of the Neoproterozoic Roan Group, Central African Copperbelt, Katanga Basin, Democratic Republic of the Congo and Zambia." Scientific Investigations Report 2010-5090-T, Prepared, U.S. Geological Survey, Reston, Virginia, http://dx.doi.org/10.3133/sir20105090T.

Declaración de beneficios medioambientales

El Grupo Banco Mundial tiene el compromiso de reducir su huella ambiental. En apoyo a dicho compromiso, la División de Publicaciones y Conocimiento impulsa las opciones de edición electrónica y la tecnología de impresión por encargo, desde centros regionales distribuidos por todo el mundo. En conjunto, estas iniciativas permiten reducir las tiradas y las distancias de envío, lo que redunda en un menor consumo de papel, menor uso de productos químicos, menores emisiones de gases de efecto invernadero y menor cantidad de residuos.

La División de Publicaciones y Conocimiento sigue las normas recomendadas sobre el uso de papel establecidas por la Green Press Initiative [Iniciativa de Prensa Ecológica]. La mayor parte de nuestros libros se imprime con papel certificado por el Consejo de Administración de Bosques (FSC), y el contenido en papel reciclado de casi todos ellos oscila entre el 50 y el 100 por ciento. La fibra reciclada del papel de nuestros libros es o bien sin blanquear o blanqueada mediante procesos totalmente libres de cloro (TCF), procesos de fabricación sin cloro (PCF) o procesos de blanqueo libre de cloro elemental mejorado (EECF).

Puede encontrarse más información sobre la filosofía ambiental del Banco en http://www.worldbank.org/corporateresponsibility.

green
press
INITIATIVE

www.ingramcontent.com/pod-product-compliance
Lightning Source LLC
Chambersburg PA
CBHW080554220326
41599CB00032B/6470